CW01476183

TOM GRIMM | KATJA BÖHM

DAS INOFFIZIELLE
Harry Potter
BACKBUCH

VON KESSELKUCHEN BIS FELSENKEKSEN

TOM GRIMM | KATJA BÖHM

DAS INOFFIZIELLE

Harry Potter

BACKBUCH

VON KESSELKUCHEN BIS FELSENKEKSEN

Über **50** zauberhafte Rezepte

riva

Bibliografische Information der Deutschen Nationalbibliothek:
Die Deutsche Nationalbibliothek verzeichnet diese Publikation in der Deutschen Nationalbibliografie.
Detaillierte bibliografische Daten sind im Internet über http://d-nb.de abrufbar.

Für Fragen und Anregungen
info@rivaverlag.de

Dieses Buch ist kein offizielles Lizenzprodukt und wurde weder von J. K. Rowling, ihrem Verlag noch von Warner Bros. Entertainment Inc. autorisiert, genehmigt oder lizenziert.

Originalausgabe
1. Auflage 2018
© 2018 by riva Verlag, ein Imprint der Münchner Verlagsgruppe GmbH
Nymphenburger Straße 86
D-80636 München
Tel.: 089 651285-0
Fax: 089 652096

Alle Rechte, insbesondere das Recht der Vervielfältigung und Verbreitung sowie der Übersetzung, vorbehalten. Kein Teil des Werkes darf in irgendeiner Form (durch Fotokopie, Mikrofilm oder ein anderes Verfahren) ohne schriftliche Genehmigung des Verlages reproduziert oder unter Verwendung elektronischer Systeme gespeichert, verarbeitet, vervielfältigt oder verbreitet werden.

Projektredaktion, Konzeption, Texte und Rezepte: Tom Grimm, Grinning Cat Productions (kontakt@grinningcat.de)
Foodstyling und Foodfotografie: Katja Böhm, unter Mitarbeit von Tom Grimm
Bildredaktion: Thomas Gießl, Katja Böhm
Redaktion: Michael Neuhaus, Katrin Koelle
Umschlaggestaltung: Isabella Dorsch
Umschlagabbildungen: Shutterstock.com/Andrey_Kuzmin, Marisha, Milushkina Anastasiya, ltummy;
© 2018 Katja Böhm/Tom Grimm (Alraunen, Schokofrösche, Schnatz)
Layout und Satz: inpunkt[w]o, Haiger (www.inpunktwo.de)
Druck: Florjancic Tisk d.o.o., Slowenien
Printed in the EU

ISBN Print 978-3-7423-0627-2
ISBN E-Book (PDF) 978-3-7453-0172-4
ISBN E-Book (EPUB, Mobi) 978-3-7453-0173-1

Weitere Informationen zum Verlag finden Sie unter

www.rivaverlag.de

Beachten Sie auch unsere weiteren Verlage unter www.m-vg.de

INHALT

Eine andere Art von Zauberei

Magie beim Backen – der Titel von Molly Weasleys Kochbuch fällt Harry Potter beim ersten Besuch im »Fuchsbau« auf, dem Stammwohnsitz der Familie seines besten Freundes Ron. Und tatsächlich haben Mrs. Weasleys Kochkünste eine schier magische Wirkung auf Harry, was wohl auch kein Wunder ist, wenn man bedenkt, dass die Dursleys ihm jahrelang kaum einen einzigen Bissen von ihrer Tafel gegönnt haben. (Auch wenn das angesichts von Tante Petunias doch eher zweifelhaften Kochkünsten wahrscheinlich fast besser so war.) Besonders Mrs. Weasleys Backkünste wie beispielsweise ihr Schokokuchen zum Geburtstag und die alljährlichen Weihnachtsplätzchen haben es dem berühmtesten Zauberlehrling der Welt angetan.

Doch ob Mrs. Weasley beim Backen nun auf ihre magischen Kräfte zurückgreift oder nicht: Der Titel des Buchs lässt sich ebenso gut umkehren in *Backen ist Magie*. Und dafür braucht man nicht mal einen Zauberstab, auch wenn die Anschaffung verlockend wäre.

Wie wir wissen, beziehen Harry, Hermine und Co. ihre Zauberstäbe allesamt von *Ollivanders Zauberstabladen* in der sagenhaften Winkelgasse, einer vor Muggelaugen verborgenen Straße voller wundersamer Läden und Geschäfte. Hier besorgen sich die Schüler der Hogwarts-Schule für Hexerei und Zauberei seit Jahrhunderten die Grundausstattung für ihre schulische Ausbildung: neben Zauberstäben u. a. auch Besen, Eulen, Kessel und dergleichen mehr. Das macht uns Muggel natürlich neugierig.

Und da gibt es eine erfreuliche Nachricht: Sie nämlich, geneigter Leser, brauchen bloß die gut sortierte Backabteilung Ihres örtlichen Supermarkts zu beehren, um alles zu bekommen, was Sie zum Zaubern brauchen. Denn ja, Sie werden sehen: Auch Muggel haben magische Fähigkeiten!

Zwar nicht mit Zauberstäben von Ollivander, doch dafür mit Rührgerät, Spachtel und Schneebesen. Schon diese profanen Geräte genügen, um aus Grundzutaten wie Mehl und Wasser wohlschmeckende Wunder zu erschaffen – und natürlich die Rezepte in diesem Buch! Schließlich kann getreu Gamps Gesetz der elementaren Transfiguration gutes Essen nicht aus Nichts entstehen.

Dementsprechend finden Sie auf den folgenden Seiten Anleitungen für die Zubereitung großartiger Backwaren aller Art. Sie werden Ihnen dabei helfen, die banalsten irdischen Zutaten in magische Meisterwerke des Geschmacks zu verwandeln, die auch Harry und die anderen des Hogwarts-Versums in Verzückung versetzen und sogar Molly Weasleys Anerkennung bekommen würden.

Gleichwohl, vergessen Sie dabei nicht: So verführerisch und bezaubernd diese Rezepte auch sein mögen, letzten Endes sind sie nichts weiter sind als Denkanstöße, um Ihre eigene Kreativität anzukurbeln. Denn beim Backen, genau wie beim Brauen von Zaubertränken, macht das Experimentieren am meisten Spaß.

Und genau wie in der Welt von Harry Potter gilt auch in der Küche oder heimischen Backstube das magische Motto: Die einzigen uns auferlegten Grenzen sind die Beschränkungen unserer eigenen Fantasie.

In diesem Sinne: Viel Spaß beim Zaubern!

Wie frisch aus dem Honigtopf

Schokofrösche

⭐ ⭐ ⭐

Schokofrösche sind unter Zauberkundigen eine beliebte Süßigkeit und stammen genau wie die berühmten Bohnen (in allen Geschmacksrichtungen) aus dem Hause Bertie Botts. Diese Frösche sehen so naturgetreu und lebensecht aus, dass Harry sich bei seiner ersten Fahrt im Hogwarts-Express erst mal vergewissern muss, dass sie tatsächlich aus Schokolade sind. Dazu, den Frosch zu verspeisen, kommt er allerdings nicht, da das Getier ungeachtet seines hohen Kakaoanteils so lebendig ist, dass es sich durch einen beherzten Sprung aus dem Abteilfenster in Sicherheit bringt. Bittersüß wirkt diese Szene vor allem im Hinblick darauf, dass sie sich neunzehn Jahre nach der alles entscheidenden Schlacht um Hogwarts in *Harry Potter und die Heiligtümer des Todes* mit einem kleinen, aber feinen Unterschied wiederholt. Diesmal ist es Harrys Sohn Albus Severus, der zusammen mit den Kindern von Ron und Hermine seine erste Fahrt in die Zauberschule antritt — in Begleitung eines Schokofrosches, der kurz vor der Abfahrt unbemerkt in ihr Abteil klettert. Ob es sich dabei um denselben leckeren Hüpfer handelt wie damals, vermag zwar niemand zu sagen, doch eine schönere Art, den Kreis zu schließen, kann es wohl kaum geben.

Ergibt: 8 Stück

Zutaten

250 g Zartbitterkuvertüre
4 Tropfen Pfefferminzöl

Außerdem
1 Form für Frösche mit 8 Mulden

1. Die Kuvertüre klein hacken, ⅔ davon in eine Schüssel geben und über einem Wasserbad schmelzen. Dabei darauf achten, dass die Schüssel das Wasser nicht berührt!

2. Sobald die Kuvertüre flüssig ist, vom Herd nehmen und die restliche Kuvertüre so lange unterrühren, bis sich alles aufgelöst hat. Dann das Pfefferminzöl dazugeben und gut unterrühren.

3. Die flüssige Schokolade mit einem Löffel in die Froschförmchenmulden füllen. Sind alle Mulden gefüllt, mehrmals vorsichtig mit dem Löffel gegen die Form klopfen, damit eventuelle Luftbläschen entweichen können. Abgedeckt für mehrere Stunden (am besten über Nacht) in den Kühlschrank stellen.

4. Die Form über ein Schneidebrett halten und von oben leicht auf die Rückseite klopfen, um die Schokoladenfrösche aus der Form zu lösen. Alternativ die Form in beide Hände nehmen und beide Enden der Froschform leicht in entgegengesetzte Richtungen drehen.

WÜRGZUNGEN-TOFFEES

⋆ ⋆ ⋆

Einer der Verkaufsschlager von *Weasleys Zauberhafte Zauberscherze* sind neben Kotzpastillen, Fieberfondant und Instantfinsterpulver die allseits beliebten Würgzungen-Toffees, die die Zunge anschwellen und bis zu einem Meter lang werden lassen. Mit diesem amüsanten Nebeneffekt können diese Toffees nach traditioneller britischer Art zwar nicht aufwarten, doch dank einer Extraportion gehackter Walnüsse sind sie genauso magisch — und das, ohne dass nach dem Genuss ein Gegenzauber nötig wäre, um seine Zunge wieder auf Normalgröße schrumpfen zu lassen!

Ergibt: 1 Backform

Zutaten

130 g Pekannüsse
340 g Butter
400 g Kristallzucker
2 EL Maissirup
1 TL Salz
300–350 g Zartbitterkuvertüre

1. Die Pekannüsse in eine mittelgroße Pfanne geben und unter regelmäßigem Rühren anrösten, bis sie goldbraun werden und duften. Vom Herd nehmen und abkühlen lassen.

2. Eine Backform (23 x 33 cm) mit Alufolie auslegen. Pekannüsse grob hacken und die Hälfte auf den Boden der Form streuen. Bei mittlerer Hitze die Butter, den Zucker, den Maissirup und das Salz in einen Topf geben und gründlich verrühren, bis die Butter geschmolzen ist.

3. Unter Rühren 10–15 Minuten köcheln lassen, bis sich der Zucker aufgelöst hat und die Mixtur goldbraun ist. Die Creme mit einem Spatel gleichmäßig auf dem Boden der Backform verstreichen. 2–3 Minuten abkühlen lassen.

4. Die Kuvertüre fein hacken, über die Creme streuen und warten, bis die Schokostückchen weich geworden und teilweise geschmolzen sind. Dann die Schokomasse mit einem Spatel gleichmäßig auf dem Toffee verstreichen.

5. Die übrigen gehackten Pekannüsse über die warme Schokolade streuen. Die Nüsse mit den Handflächen behutsam ein wenig in die Schokolade drücken. Bei Raumtemperatur eine Stunde lang abkühlen lassen und dann über Nacht in den Kühlschrank stellen.

6. Den Toffee am nächsten Tag mitsamt der Alufolie aus der Form auf ein Schneidebrett stürzen. Die Folie entfernen. Den Toffee in grobe Stücke hacken oder brechen. In einem luftdichten Behältnis sind die Toffee-Stücke im Kühlschrank bis zu drei Monate haltbar.

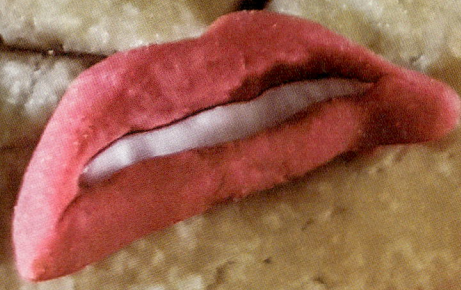

MÜRBETEIG-HEULER

✦ ★★★ ✦

Im Potter-Versum sind sie die unbeliebteste Art von Post: Dort bekommen die Schüler von Hogwarts, die etwas angestellt haben, beim Frühstück in der Großen Halle mit der allmorgendlichen Eulenpost von ihren Eltern sogenannte Heuler zugestellt — Briefumschläge, die beharrlich darauf dringen, geöffnet zu werden, um dann mit der lauten, keifenden Stimme des Verfassers eine Schimpfkanonade von sich zu geben, die sich gewaschen hat. Diese Dinger lassen sich nicht einfach ignorieren, denn falls sie nicht sofort geöffnet werden, explodieren sie und richten dabei einigen Schaden an. Diese Heuler hingegen meckern selbst dann nicht, wenn man den dritten oder vierten davon verspeist, weil sie so köstlich sind. Oder anders ausgedrückt: Im Gegensatz zu den Heulern im Potter-Versum kann man von diesen hier gar nicht genug bekommen!

Ergibt: ca. 4 Stück

Zutaten

Für den Teig
200 g kalte Butter
100 g Zucker
1 Spritzer Zitronensaft
Prise Salz
1 Ei
½ Päckchen Vanillezucker
300 g Mehl zzgl. noch etwas mehr
    zum Bestreuen der Arbeitsfläche

50 g Sauerkirschkonfitüre

Für die Dekoration
5 schwarze Smarties
20 g roter Fondant
20 g Kuvertüre
etwas Backkakao

Außerdem
ein C6-Briefumschlag als Schablone

1. Die Butter in kleine Stücke schneiden. Mit Zucker, Zitronensaft, Salz, Ei und Vanillezucker in eine Schüssel geben. Mit den Knethaken eines Handrührgeräts verkneten. Das Mehl dazusieben und alles zunächst mit den Knethaken, dann mit den Händen zügig zu einem glatten Teig verkneten.

2. Den Teig in 4 Teile teilen, zu flachen »Ziegeln« formen, einzeln fest in Frischhaltefolie einwickeln und mindestens 3 Stunden kaltstellen. Man kann den Teig auch sehr gut bereits am Vorabend vorbereiten.

3. In der Zwischenzeit einen C6-Briefumschlag vollständig auseinanderfalten; hierzu alle Ecken und Klebestellen lösen, bis der Umschlag wie ein einzelnes Blatt vor einem liegt. Den Umschlag dann auf ein Stück Pappe legen, mit einem Filzstift die Umrisse nachziehen und ausschneiden, um eine solide Schablone für die Keksumschläge zu erhalten, die nun auch alle ohne Mühe gleich groß werden.

4. Den Backofen auf 170 °C Ober-/Unterhitze vorheizen. Ein Backblech mit Backpapier auslegen.

5. Den Teig 10 Minuten vor der Verarbeitung aus dem Kühlschrank holen, damit er nicht zu fest ist. Am besten, während man einen »Briefumschlag« herstellt, das nächste Päckchen Teig aus dem Kühlschrank nehmen, damit konstanter Nachschub herrscht.

→

6. Die Arbeitsfläche mit etwas Mehl bestreuen und den Teig so dünn wie irgend möglich zu einem Quadrat ausrollen. Dabei darauf achten, dass der Teig nicht an der Arbeitsfläche festklebt; evtl. noch etwas mehr Mehl ausstreuen.

7. Nun die Schablone mittig auf den ausgerollten Teig legen und mit einem scharfen Messer die Konturen nachschneiden. Den überschüssigen Teig fürs Erste zurück in den Kühlschrank legen.

8. Mit dem Rücken eines großen Messers oder einer Teigkarte die Umschlagsränder etwas eindrücken (aber nicht durchschneiden!), sodass mittig ein geprägtes Rechteck in der Größe einer Postkarte erkennbar ist. Die eingedrückten Ränder bilden die »Knickstellen« und zeigen, wo genau der Teig umgeschlagen werden muss, damit am Ende alles ordentlich zusammenpasst. Mittig auf dem Rechteck gleichmäßig einen Teelöffel Konfitüre verstreichen. Dann den Umschlag »falten«. Hierzu zunächst die seitlichen Ecken umklappen, dann die untere und zum Schluss die obere, die alle anderen etwas überlappt. Zur Orientierung und zum besseren Verständnis ggf. den echten Briefumschlag zu Rate ziehen.

9. Den Teigumschlag nun vorsichtig auf eine leicht mit Mehl bestäubte Platte legen und glattstreichen; dies geht am besten mit einer Winkelpalette oder einer leicht bemehlten Teigkarte. Auf dieselbe Weise die übrigen Umschläge falten; den gesammelten Abschnitt dabei am Ende erneut verkneten und zu einem weiteren Umschlag formen. Die Umschläge mit genügend Abstand zueinander vorsichtig auf das vorbereitete Backblech legen und ca. 15–20 Minuten im vorgeheizten Ofen backen. Anschließend aus dem Ofen nehmen und vollständig abkühlen lassen.

10. Sind die Umschläge vollständig abgekühlt, über einem warmen Wasserbad etwas Kuvertüre schmelzen.

11. Die schwarzen Smarties mit einem scharfen Messer halbieren und jeweils eine Hälfte als »Auge« auf dem Umschlag anbringen; mit etwas flüssiger Kuvertüre befestigen. Aus rotem Fondant den Mund formen und ebenfalls mit etwas Schokolade fixieren. Zuletzt mit einem kleinen Pinsel und etwas Backkakao die Kanten abpudern, um die Konturen des Briefes zu betonen.

KÜRBISPASTETEN

✴ ✴ ✴

Als Harry in *Harry Potter und der Stein der Weisen* in seinem ersten Jahr in Hogwarts am Halloweenmorgen aufwacht, weht »der köstliche Geruch gebackener Kürbisse« durch die Gänge der Schule. Damit hat Harry gleich einen Grund, sich eilends aus dem Bett zu schwingen, denn er liebt Kürbis ganz besonders. Dass Professor Flitwick im Zauberunterricht verkündet, die Schüler seien jetzt bereit, Gegenstände schweben zu lassen, macht den Tag nur noch besser. Die Kürbistarteletten, die beim Festessen am Abend serviert werden, sind da nur noch das Tüpfelchen auf dem i eines ohnehin perfekten Tages!

Ergibt: 12 Stück

Zutaten

Für den Teig
175 g Mehl, zzgl. noch etwas mehr
    zum Bestäuben der Arbeitsfläche
30 g Puderzucker
100 g kalte Butter, zzgl. noch etwas
    mehr für die Backform/en
1 Eigelb

Für die Dekoration
50 g gehackte Walnüsse

Für die Füllung
170 g Kürbis, klein geschnitten
80 ml Sahne
1 großes Ei
100 g brauner Zucker
½ TL gemahlener Ingwer
½ TL Zimt
je 1 Prise Nelkenpulver, Muskatnuss
    und Salz

Außerdem
12 Tarteletteförmchen oder eine
    12er-Muffinbackform

DEN TEIG ZUBEREITEN:

1. Das Mehl und den Puderzucker in eine große Schüssel sieben und gründlich miteinander vermischen. Die kalte Butter in kleine Würfel schneiden und hinzufügen.

2. Das Eigelb und 1 EL sehr kaltes Wasser dazugeben und alles mit den Händen zu einem glatten Teig verarbeiten. Gegebenenfalls noch etwas mehr kaltes Wasser dazugeben, falls der Teig sich zu trocken anfühlt.

3. Den Teig zu einer Kugel formen, flach drücken und in Frischhaltefolie wickeln. Für mindestens 60 Minuten in den Kühlschrank legen.

4. Inzwischen den Backofen auf 190 °C Ober-/Unterhitze vorheizen. Die Förmchen bzw. das Muffinblech mit Butter einfetten.

5. Die Arbeitsfläche mit etwas Mehl bestäuben und den Teig dünn ausrollen. Mit einem Glas (Durchmesser ca. 8 cm) 12 Kreise ausstechen, die etwas größer als die Förmchen bzw. die Mulden der Muffinform sein müssen.

6. Die Teigkreise nacheinander in die Tarteletteförmchen bzw. die Mulden der Muffinform legen und jeweils festdrücken. Dabei jeweils einen Rand hochziehen

DIE DEKORATION ZUBEREITEN:

Die gehackten Walnüsse in einer Pfanne ohne Fettzugabe leicht rösten. Beiseitestellen.

→

DIE FÜLLUNG ZUBEREITEN:

1. Die Kürbisstücke in einem Topf mit so viel Wasser legen, dass sie knapp davon bedeckt sind. Zugedeckt bei mittlerer Hitze in ca. 20 Minuten weich kochen.

2. Die Kochflüssigkeit in ein separates Gefäß abgießen und auffangen; falls das Kürbispüree etwas zu trocken sein sollte, kann man es damit geschmeidiger machen.

3. Den weich gekochten Kürbis gründlich mit einem Pürierstab oder im Mixer zerkleinern, bis keine Stückchen mehr zu sehen sind. Nun evtl. etwas von der aufgefangenen Flüssigkeit untermixen.

4. Das Kürbispüree, die Sahne, das Ei, den Zucker, die Gewürze und das Salz gründlich in einer Schüssel verrühren.

5. Die Füllung bis zum oberen Rand des Teigs in die vorbereiteten Formen geben und ca. 12–15 Minuten im vorgeheizten Ofen backen.

6. Anschließend aus dem Ofen nehmen und die Tartelettes zunächst einige Minuten in der Form abkühlen lassen, dann behutsam auf ein Kuchengitter stürzen und gleichmäßig die gehackten, angerösteten Walnüsse darübergeben.

7. Die Tartelettes vor dem Servieren vollständig auskühlen lassen. Achtung: Anfangs sind sie noch sehr »zerbrechlich«, nach dem Abkühlen gibt sich das.

TIPP: Dazu passt sehr gut frische Schlagsahne.

Schokofladen

★ ★ ★

Als Harry und seine Freunde das Rätsel um die Kammer des Schreckens lösen können, gehört das Festmahl nach Harrys Genesung zu den prächtigsten, die die altehrwürdige Zauberschule je erlebt hat — mit allerlei leckeren Naschereien. Auch diese köstlichen Schoko-Überraschungen hätten gut auf den Gryffindor-Tisch gepasst!

Ergibt: 8 Stück

Zutaten

Für den Teig
210 g Mehl, zzgl. noch etwas mehr
   für die Arbeitsfläche
20 g Backkakao
½ Päckchen Trockenhefe
100 ml lauwarme Milch
40 g Zucker
20 g weiche Butter
1 Ei
1 Prise Salz

Für den Guss
1 Päckchen Schokopuddingpulver
400 ml Milch
60 g Zucker
½ TL lösliches Kaffeepulver
200 g Schmand

Für die Dekoration
100 g backfeste Schokotröpfchen
gehackte Nüsse, gehackte Pistazien,
   frische Beeren der Saison

1. Das Mehl, den Backkakao und die Hefe in einer Schüssel gründlich miteinander vermischen. Milch, Zucker, weiche Butter, Ei und Salz dazugeben. Mit dem Knethaken eines Handrührgeräts verkneten, bis der Teig nicht mehr an den Rändern der Schüssel kleben bleibt.

2. Den Teig zu einer Kugel formen und abgedeckt in der Schüssel an einem warmen Ort mindestens 50 Minuten gehen lassen bzw. so lange, bis das Volumen sich etwa verdoppelt hat.

3. Den Schokoladenpudding nach Packungsanleitung zubereiten, aber nur 400 ml Milch und 60 g Zucker verwenden. Löslichen Kaffee in die Milch geben. Frischhaltefolie direkt auf den fertigen Pudding legen, damit sich keine Haut darauf bildet, und etwas abkühlen lassen. Schmand unter den noch lauwarmen Schokopudding rühren.

4. Den Backofen auf 200 °C Ober-/Unterhitze vorheizen. Ein Backblech (besser: zwei) mit Backpapier auslegen.

5. Den Teig auf einer leicht bemehlten Arbeitsfläche noch einmal kräftig durchkneten, Schokotropfen einarbeiten und den Teig in 8 Portionen aufteilen. Jeweils zu runden Fladen ausrollen und auf das Backblech legen; dabei ausreichend Platz zwischen den einzelnen Fladen lassen. Die Fladen jeweils mittig etwas eindrücken und mit der Schoko-Creme füllen.

6. Gehackte Nüsse und Pistazien über die Fladen streuen und 12 Minuten im vorgeheizten Ofen backen. Herausnehmen, die Fladen etwas abkühlen lassen und kurz vor dem Servieren mit den Beeren dekorieren.

MUGGEL-MÜSLIRIEGEL
✦ ✦ ✦

Als Muggel werden in der Magischen Welt Menschen bezeichnet, die keine Zauberkräfte besitzen. Aus Sicht vieler Hexen und Zauberer fehlt Muggeln damit etwas Entscheidendes, um mit den praktischen Dingen des Lebens zurechtzukommen. Wüssten all die unzulänglichen Muggel da draußen, dass ihre Nachbarn, die nach außen hin so schrecklich normal wirken (jedenfalls, wenn man nicht gerade neben den Lovegoods wohnt), zaubern können, würden sie zweifellos ständig darauf drängen, die Probleme der Welt mit Magie zu lösen. Nicht zuletzt, um dies zu vermeiden, sind magisch Begabte seit jeher bestrebt, möglichst unter sich zu bleiben, mit der Folge, dass vielen Zauberkundigen gewisse Dinge in der Muggel-Welt höchst befremdlich erscheinen. Mr. Weasley z. B. ist von Muggeln zutiefst fasziniert und möchte von Harry unbedingt mehr über den Sinn und Zweck von Gummienten erfahren. Vielleicht hätte er stattdessen lieber Nachforschungen über diese seltsame Muggel-Erfindung namens Müsli anstellen sollen, bei dem eigentlich keiner so recht weiß, ob es nun Rohkost, Diät- oder Süßspeise sein soll. Dementsprechend vereinen diese leckeren Riegel all diese Faktoren in sich.

Ergibt: ca. 20 Stück

Zutaten

50 g kandierter Ingwer
100 g getrocknete Mango
100 g gemahlene Haselnüsse
50 g Mehl
400 g Fruchtmüsli (zuckerfrei)
1 Prise Salz
100 g Butter
100 g flüssiger Honig
100 g Erdbeerkonfitüre

1. Den Backofen auf 160 °C Ober-/Unterhitze vorheizen. Ein Backblech mit Backpapier auslegen.

2. Den kandierten Ingwer und die Mango fein hacken. In eine Schüssel geben und gründlich mit den Haselnüssen, dem Mehl, dem Müsli und dem Salz vermischen.

3. Butter, Honig und Konfitüre in einem kleinen Topf bei niedriger Temperatur unter ständigem Rühren erhitzen, bis sich alles gut miteinander verbunden hat.

4. Die Mischung vom Herd nehmen, etwas abkühlen lassen und zu den trockenen Zutaten in die Schüssel geben. Mit den Knethaken des Handrührgeräts gründlich verkneten.

5. Den Müsliteig auf das vorbereitete Backblech geben und gleichmäßig zu einem Viereck von ca. 1,5 cm Dicke verstreichen. (Kleiner Tipp: Mit einem rechteckigen Backrahmen werden die Kanten sauberer.) Dann im vorgeheizten Ofen ca. 35 Minuten backen, bis die Oberfläche leicht gebräunt ist.

6. Aus dem Backofen nehmen und nach dem Abkühlen in gleichmäßig große Riegel schneiden. Am besten in einem luftdichten Behälter aufbewahren.

Blätterteig-Hexenhüte

✶ ✶ ✶

Obgleich die Hexen im Potter-Versum auf dem Besen fliegen, Zaubertränke brauen und hexen können, ähneln sie ansonsten nicht im Mindesten dem Bild der bösartigen, warzigen Schreckschrauben mit schwarzer Katze auf der Schulter, die man aus der deutschen Märchenwelt kennt. Stattdessen sind die Hexen in der Magischen Welt von Harry Potter ganz gewöhnliche Frauen — abgesehen natürlich von ihren besonderen Fähigkeiten. Wann immer sie ihre Roben und Spitzhüte ablegen, sind sie für Muggel aufgrund ihres Äußeren beim besten Willen nicht als das zu erkennen, was sie in Wahrheit sind. Und wenn doch mal einer Verdacht schöpft? Dann lässt er sich mit diesen Hexenhüten ganz einfach bezaubern — und das, ohne fürchten zu müssen, in einen Frosch, einen Finanzbeamten oder etwas noch Schlimmeres verwandelt zu werden.

Ergibt: ca. 20–30 Stück

Zutaten

1 Packung Tiefkühlblätterteig (270 g)
1 Eigelb
1 EL Milch
Salz
Pfeffer
Gewürze und Kräuter nach Wahl:
  geräuchertes Paprikapulver,
  Kümmel, Rosmarin, Thymian ...
etwas geriebener Käse

1. Den Backofen auf 200 °C Ober-/Unterhitze vorheizen. Ein Backblech mit Backpapier auslegen.

2. Den Blätterteig aus dem Kühlschrank nehmen und 10 Minuten ruhen lassen. Dann auf der Arbeitsfläche ausrollen und einmal quer halbieren. Aus den langen Rechtecken kleine Dreiecke schneiden.

3. Die Blätterteigdreiecke mit der Spitze nach oben auf das Backblech legen und den unteren Rand jeweils etwas einrollen.

4. Die so entstandenen Hüte behutsam in Form bringen; die Hutspitze kann dabei etwas abgeknickt, die Hutkrempe an den Seiten ein wenig nach unten gezogen werden.

5. In einer Schüssel das Eigelb mit der Milch verquirlen. Die Hüte damit bepinseln, mit den Gewürzen und dem geriebenen Käse bestreuen und für ca. 15–17 Minuten im Ofen backen.

6. Die Hexenhüte etwas abkühlen lassen und nach Belieben zu einer Suppe oder einem Salat; als Knabberei zum Wein oder einfach als zauberhaften Snack servieren.

Kürbispastetchen

★ ★ ★

Auf seiner ersten Zugfahrt nach Hogwarts stellt Harry überrascht fest, dass die Imbisswagen-Verkäuferin statt gewöhnlicher Schokoriegel wesentlich exotischere Süßwaren wie Bertie Botts Bohnen in allen Geschmacksrichtungen sowie Kürbispasteten feilbietet. Da Harry im Gegensatz zu Ron die Taschen voller Münzen hat und genau weiß, wie es ist, sich nichts leisten zu können, bietet er Ron an, eine seiner Kürbispasteten gegen die Corned-Beef-Stulle zu tauschen, die Mrs. Weasley ihrem Sohn eingepackt hat — der Beginn einer wunderbaren Freundschaft.

Ergibt: 8 Stück

Zutaten

Für den Teig
350 g Mehl, zzgl. etwas mehr
   für die Arbeitsfläche
200 g weiche Butter
150 g Schmand

Für die Füllung
1 kleiner Hokkaidokürbis
etwas Kürbiskernöl
1 Prise Salz
50 g Schmand
Pfeffer
Muskatnuss
1 Ei

Zum Bestreichen
1 Ei
1 EL Milch

Außerdem
1 runder Keksausstecher (ca. 10 cm)

1. Das Mehl, die Butter und den Schmand zu einem glatten, geschmeidigen Teig kneten. In Frischhaltefolie wickeln und 2 Stunden in den Kühlschrank legen. Ein Backblech mit Backpapier auslegen.

2. Den Teig dünn auf einer leicht bemehlten Arbeitsfläche ausrollen und mit einem Keksausstecher 8 Kreise mit einem Durchmesser von ca. 10 cm ausstechen. Mit etwas Abstand zueinander auf das Backblech legen.

3. Den Kürbis klein schneiden und entkernen. Das Kürbisfleisch zusammen mit dem Kürbiskernöl und etwas Salz bei mittlerer Hitze unter häufigem Rühren weich kochen.

4. Mit einem Pürierstab pürieren und den Schmand unterrühren. Mit Salz, Pfeffer und Muskatnuss würzen. Das Ei unterrühren und etwas abkühlen lassen.

5. Den Backofen auf 175 °C Ober-/Unterhitze vorheizen.

6. Je 1 EL Kürbisfüllung auf jeden Teigkreis geben und jeweils zu Halbmonden zusammenklappen. Die Teigränder mit einer Gabel festdrücken. Mit einem Messer kleine senkrechte Schlitze in die Teigtaschen schneiden, damit beim Backen der Dampf entweichen kann.

7. Das Ei und die Milch verquirlen und die Pastetchen damit bepinseln. Im vorgeheizten Ofen ca. 20 Minuten goldbraun backen. Anschließend aus dem Ofen nehmen, auf dem Blech 5–10 Minuten abkühlen lassen und lauwarm servieren.

Zauberstäbe

✦ ✦ ✦

Das mit Abstand wichtigste Handwerkszeug jedes Zauberkundigen ist sein Zauberstab, der einem dabei hilft, seine magischen Fähigkeiten gezielter zu bündeln und so ihre Wirkung um ein Vielfaches zu steigern. Jeder Zauberstab ist absolut einzigartig, und der Träger wählt nicht seinen Stab aus, sondern umgekehrt. Harry z. B. kaufte seinen Zauberstab bei *Ollivanders* in der Winkelgasse, wo er zunächst mit wenig Erfolg mehrere Zauberstäbe ausprobierte, bis ihn bei einem Stab aus Stechpalme und Phönixfeder eine »plötzliche Wärme in den Fingern überkommt, so, als ob Zauberer und Hand sich darüber freuten, dass sie wieder vereint waren«. Doch obgleich wohl selbst der Auserwählte mit den Zauberstäben, die Sie mit diesem Rezept herstellen, wenig Chancen hätte, gegen Du-weißt-schon-wen zu bestehen, sind diese Stäbe nicht weniger magisch — zumindest, wenn es darum geht, wie durch Magie ein Hüngerchen verschwinden zu lassen.

Ergibt: ca. 4 Portionen

Zutaten

250 g Mehl Type 550, zzgl. etwas mehr für die Arbeitsfläche

½ Päckchen Trockenhefe

1 Prise Zucker

2 EL Olivenöl

1 TL Salz

Kräuter, nach Wahl (z. B. getrocknetes Basilikum, Oregano, Thymian)

1. Das Mehl und die Trockenhefe in einer Schüssel miteinander vermischen. 125 ml lauwarmes Wasser und alle übrigen Zutaten zufügen und alles so lange verkneten, bis der Teig nicht mehr klebt. Bei Bedarf noch etwas mehr Mehl hinzufügen.

2. Den Teig mit einem sauberen Küchentuch abdecken und an einem warmen Ort ca. 60 Minuten gehen lassen Inzwischen den Backofen auf 180 °C Ober-/Unterhitze vorheizen und zwei Backbleche mit Backpapier auslegen.

3. Den Teig noch einmal gründlich mit den Händen durchkneten und auf einer leicht bemehlten Arbeitsfläche dünn ausrollen.

4. Mit einem scharfen Messer oder einem Pizzaschneider in schmale Streifen von ca. 1 cm Breite schneiden. Diese nun zu dünnen Grissini rollen (siehe Bild). Je dünner die Teigstäbe gerollt werden, desto knuspriger werden sie!

5. Die Grissini mit etwas Abstand zueinander auf die vorbereiteten Backbleche legen und mit etwas Wasser bestreichen. Nach Belieben mit getrockneten Kräutern bestreuen.

6. Im vorgeheizten Ofen 12–15 Minuten backen. Herausnehmen und vor dem Verzehr vollständig abkühlen lassen, damit die Zauberstäbe schön knusprig sind.

CRUMPETS

✴ ✴ ✴

Nichts ist für die traditionelle britische Teezeit so charakteristisch wie Crumpets. In der deutschen Übersetzung der Romane mehrfach fälschlicherweise als »Fladenbrötchen« bezeichnet, sind Crumpets kleine, sehr poröse Hefepfannkuchen, die warm oder getoastet mit Butter oder anderem Aufstrich gegessen werden. Auch in Hogwarts sind Crumpets regelmäßiger Bestandteil der Mahlzeiten. So buttert sich Fred Weasley in *Harry Potter und der Orden des Phönix* beispielsweise gerade einen Crumpet, während er Hermine versichert, dass sie ihn und seinen Zwillingsbruder George angesichts der anstehenden schwierigen ZAG-Prüfungen eher früher als später um Nasch- und-Schwänz-Leckereien bitten wird, um ein wenig blauzumachen. (Als wenn die strebsame Hermine so etwas jemals täte!) Und auch, als Harry nach seiner Flucht aus dem Ligusterweg, nachdem er Tante Magda in seiner Wut in einen Ballon verwandelt hat, im »Zum Tropfenden Kessel« zufällig auf Zaubereiminister Fudge trifft, lädt der Minister ihn zu seiner Überraschung großzügig zu Crumpets und Tee ein, was zweifellos allemal besser — und leckerer — ist, als wegen des Verstoßes gegen das Verbot von Zaubern in der Öffentlichkeit aus der Zaubererschaft ausgeschlossen zu werden.

Ergibt: ca. 8 Stück

Zutaten

120 g Weizenmehl Type 450
100 g Weizenmehl Type 550
5 g Salz
½ Päckchen Trockenhefe
200 ml warme Milch
1 TL Backpulver
neutrales Öl zum Braten
etwas Butter zum Einfetten

Außerdem

Dessertringe (ca. 8 cm Durchmesser),
   Ausstechformen oder alternativ
   eine leere kleine Konservendose,
   von beiden Seiten offen

1. In einer Schüssel das Mehl mit dem Salz und der Trocken-hefe vermischen. Die Milch und 150 ml warmes Wasser so unterrühren, dass ein glatter, flüssiger Teig entsteht. Zugedeckt mindestens 60 Minuten an einem warmen Ort gehen lassen.

2. Vorsichtig das Backpulver in den aufgegangenen Teig einarbeiten. Etwas Öl in eine große Pfanne geben und bei mittlerer Hitze erwärmen. Die Dessertringe innen mit etwas Butter einfetten und in die Pfanne stellen.

3. Den Teig ca. 1–2 cm hoch in die Metallringe füllen und so lange backen, bis sich an der Oberfläche die für Crumpets typischen kleinen Löcher gebildet haben, was ca. 5–8 Mi-nuten dauert.

4. Die Ringe dann vorsichtig entfernen. Achtung, heiß! Ist die bereits gebratene Seite goldbraun, die Crumpets wenden; ansonsten nochmals 1–2 Minuten auf der ersten Seite backen. Nach dem Wenden auch die zweite Seite goldbraun backen. Die fertigen Crumpets auf einem mit Küchenpapier ausgelegten Teller abtropfen lassen. Diesen Vorgang so oft wiederholen, bis der gesamte Teig aufge-braucht ist.

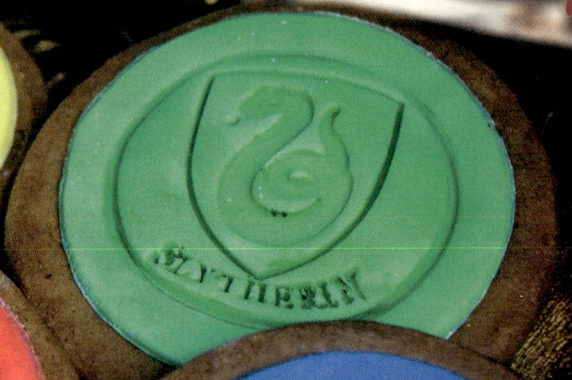

Hogwartser

* * *

Überall auf der Welt gibt es Schulen, in denen magisch begabte Schülerinnen und Schüler zu Hexen und Zauberern ausgebildet und auf ihre spätere magische Berufslaufbahn vorbereitet werden. Die Hogwarts-Schule für Hexerei und Zauberei in Großbritannien, auf die Harry geht, gehört seit jeher zu den bedeutendsten Einrichtungen dieser Art. Dementsprechend ist es nur angemessen, Hogwarts mit dieser speziellen Variante des klassischen »Amerikaners« die Ehre zu erweisen. In diesem Sinne repräsentieren diese köstlichen »Hogwartser« die vier Häuser der altehrwürdigen Lehranstalt, Gryffindor, Ravenclaw, Hufflepuff und Slytherin, getreu dem Schulmotto »Draco dormiens nunquam titillandus«. Zu Deutsch: Kitzle niemals einen schlafenden Drachen!

Ergibt: 8 Stück

Zutaten

Für den Teig
250 g Mehl
1 Päckchen Backpulver
1 Päckchen Puddingpulver mit
   Karamellgeschmack
100 g weiche Butter
100 g Zucker
1 Prise Salz
etwas Vanilleextrakt
2 Eier
60 ml Milch

Für die Dekoration
200 g Puderzucker
3 EL Zitronensaft
rote, grüne, gelbe und blaue
   Lebensmittelfarbe

Nach Belieben
Fondant (rot, grün, gelb, blau)
Hogwarts-Silikonstempel
   (im Internet erhältlich)

1. Den Backofen auf 200 °C Ober-/Unterhitze vorheizen. Ein Backblech mit Backpapier auslegen. Das Mehl mit dem Backpulver und dem Puddingpulver vermischen.

2. In einer separaten Schüssel Butter mit Zucker, Salz und Vanilleextrakt schaumig schlagen. Eier nacheinander einzeln unterrühren. Nach und nach die Mehlmischung dazusieben, die Milch unterrühren und alles gründlich durcharbeiten.

3. Den Teig in einen Spritzbeutel mit großer Lochtülle füllen und 8 gleich große Teigkleckse auf das Backblech spritzen (oder mit 2 Esslöffeln auf das Blech geben und mit angefeuchteten Fingern glätten). Dazwischen ein wenig Platz lassen, da der Teig noch etwas zerläuft! 10–15 Minuten im vorgeheizten Ofen backen. Herausnehmen und vollständig abkühlen lassen.

4. Puderzucker mit Zitronensaft verrühren und den Zuckerguss auf 4 Schälchen verteilen. Jeweils mit einer der Lebensmittelfarben einfärben: rot für Gryffindor, gelb für Hufflepuff, grün für Slytherin und blau für Ravenclaw. Den Zuckerguss gleichmäßig auf die »Hogwartser« aufstreichen.

5. Falls vorhanden, den Fondant dünn ausrollen, jeweils runde Stücke ausstechen (etwas größer als die Silikonstempel). Mit den Stempeln den Fondant in der jeweiligen Hausfarbe prägen. Die »Wappen« auf den noch warmen Zuckerguss setzen und warten, bis sie festgeklebt sind.

ZAUBERKESSELCHEN

*** ★ ★ ★ ***

Das Schulfach Zaubertränke ist nicht gerade Harrys Lieblingsfach, was nicht zuletzt an dem Lehrer Severus Snape liegt, der dieses Fach die längste Zeit von Harrys Schulkarriere unterrichtet. Doch diesen köstlichen Kuchenkesselchen könnte Harry sicher trotzdem nicht widerstehen!

Ergibt: ca. 35 Stück

Zutaten

Für den Kuchen
1 Bio-Orange
250 g weiche Butter
200 g Zucker
4 Eier
270 g Mehl
2 TL Backpulver

Für das Frosting
140 g Frischkäse
250 g Puderzucker
6 EL Orangensaft
½ TL Vanilleextrakt

Für die Dekoration
450 g Zartbitterkuvertüre
1 Eiweiß
250 g Puderzucker
rote, orangefarbene und grüne
    Lebensmittelfarbe

Außerdem
35 Cakepop-Stiele
1 Cakepop-Ständer

1. Den Backofen auf 180 °C Ober-/Unterhitze vorheizen.

2. Die Orange heiß abwaschen, abtrocknen und die Schale fein abreiben. Die Orange auspressen.

3. Die Butter und den Zucker in einer Schüssel schaumig schlagen. Die Eier einzeln nacheinander unterrühren.

4. In einer separaten Schüssel Mehl und Backpulver mischen und zur Buttermasse sieben. Orangensaft und -abrieb dazugeben und alles kurz verrühren. Den Teig in eine Springform füllen und im vorgeheizten Ofen ca. 45 Minuten backen. Herausnehmen, vollständig abkühlen lassen und in einer großen Schüssel mit den Händen klein zerkrümeln.

5. Für das Frosting alle angegebenen Zutaten miteinander verrühren. Den größten Teil der Mischung dann in die Schüssel mit den Kuchenkrümeln geben und alles gut miteinander verkneten. Achtung: Der Teig darf nicht zu feucht sein, den Rest des Frostings deshalb nach und nach dazugeben und jedes Mal die Konsistenz testen, bis der Teig hinreichend »trocken« ist.

6. Jeweils ca. 20 g der Teigmasse abwiegen und zu kleinen Kugeln rollen. Für 30 Minuten in den Kühlschrank geben. Inzwischen die Kuvertüre über einem warmen Wasserbad schmelzen; dabei darauf achten, dass die Schokolade nicht zu heiß wird.

7. Die Teigkugeln aus dem Kühlschrank nehmen. Jeweils einen Cakepop-Stiel ca. 1 cm tief in die flüssige Kuvertüre tauchen und danach direkt in die Kugel stechen – dadurch haftet der Teig beim Überziehen mit der Kuvertüre später besser am Stiel.

→

8. Die Cakepops nun in einem Cakepop-Ständer nochmals für 15–30 Minuten in den Kühlschrank stellen.

9. Ein Backblech oder ein großes Servierbrett mit Backpapier auslegen.

10. Die flüssige Kuvertüre in ein tiefes Gefäß geben, damit man die Cakepops vollständig eintauchen kann. Die Cakepops nun einzeln komplett in die flüssige Kuvertüre tauchen. Beim Herausziehen die überschüssige Kuvertüre nur leicht abtropfen lassen.

11. Die Cakepops nun zügig mit dem Stiel nach oben auf das Brett setzen und trocknen lassen. Dabei bildet die überschüssige Schokolade an der Unterseite einen kleinen Rand – dies wird später die Oberkante der kleinen Kuchenkessel.

12. Sobald die Schokolade fest geworden ist, mit dem Dekorieren beginnen. Hierzu die Kuvertüre durch kurze Schübe in der Mikrowelle nochmals komplett verflüssigen, in einen Spritzbeutel geben und seitlich jeweils zwei kleine Halbkreise als Henkel auf die Kuchenkesselchen aufspritzen. Ein paar Minuten trocknen lassen.

13. Das Eiweiß mit den Schneebesen eines Handrührgeräts steif schlagen und dabei nach und nach den Puderzucker unterschlagen. Den entstandenen Zuckerguss auf drei Schüsselchen verteilen.

14. Etwas rote Lebensmittelfarbe in ein Schüsselchen geben, einarbeiten und den roten Guss in einen Spritzbeutel geben. Zunächst an der »Unterseite« der Kessel die lodernden Flammen aufspritzen; dabei nah am Stiel in der Mitte ansetzen.

15. Den Guss etwas antrocknen lassen und dasselbe mit der orangenen Lebensmittelfarbe wiederholen bzw. damit die helleren Flammen auftragen.

16. Schließlich das letzte Drittel Zuckerguss grün einfärben und als »Suppe« oben auf dem Kuchenkesselchen aufbringen. Vor dem Verzehr wiederum einige Minuten trocknen lassen.

MARMELADENKRAPFEN

* * *

Als Gryffindor dank der Heldentaten von Harry Potter und seinen Freunden im zweiten Schuljahr in *Harry Potter und die Kammer des Schreckens* schon wieder den von allen begehrten Hauspokal gewinnt, genießt Ron zur Feier des Tages einen Marmeladenkrapfen. Er sei ihm von Herzen gegönnt!

Ergibt: 12 Stück

Zutaten

Für den Teig
1 Würfel frische Hefe (42 g)
180 ml lauwarme Milch
40 g Zucker
10 g Salz
500 g Mehl, zzgl. etwas mehr
    für die Arbeitsfläche
50 g weiche Butter
2 Eier, Zimmertemperatur
etwas abgeriebene Zitronenschale

Außerdem
Frittieröl, 100 g Zucker zum
    Wälzen der Krapfen nach
    dem Ausbacken

Für die Füllung
50 g Blaubeerkonfitüre
50 g Kirschkonfitüre
100 g Aprikosenkonfitüre
grüne Lebensmittelfarbe

DEN TEIG ZUBEREITEN:

1. Die Hefe in eine Schüssel mit der lauwarmen Milch auflösen und den Zucker unterrühren. Die Hefemilch etwa 10 Minuten stehen lassen, bis die Hefe beginnt, Blasen zu werfen.

2. Jetzt das Mehl zur Hefemilch sieben. Die weiche Butter, die zimmerwarmen Eier und die Zitronenschale hinzufügen und alles zu einem glatten Teig verkneten. Er ist perfekt, wenn er sich von selbst vom Schüsselrand löst und nicht mehr klebt. Hierzu eventuell noch etwas Mehl hinzufügen und einarbeiten.

3. Den fertigen Teig zu einer Kugel formen, mit einem sauberen Küchentuch abdecken und an einen warmen Ort so lange gehen lassen, bis sich das Volumen des Teigs etwa verdoppelt hat (ca. 1 Stunde).

4. Den Teig mit den Händen auf einer mit Mehl bestäubten Arbeitsfläche nochmals kräftig durchkneten. In 12 gleichmäßig große Portionen teilen, die jeweils ca. 50 g wiegen.

5. Die Teigkugeln auf einen flachen Teller legen und an einem warmen Ort zugedeckt weitere 30 Minuten gehen lassen. Auch diesmal sollte sich das Volumen der Teiglinge verdoppeln.

6. Inzwischen eine Fritteuse auf 160 °C erhitzen oder alternativ drei Fingerbreit Frittieröl in einen großen Topf geben und auf hoher Stufe erwärmen, bis das Öl siedet. Mit einem Schaumlöffel vorsichtig die Teigkugeln in das heiße Öl geben, mit ausreichend Abstand zueinander. Maximal drei Krapfen gleichzeitig ausbacken, damit die Temperatur des Öls nicht zu stark sinkt. Die Teigstücke hierbei mit der Oberseite nach unten in das siedende Ausbackfett geben.

→

7. Die Krapfen von beiden Seiten goldbraun backen und mit dem Schaumlöffel herausnehmen. Kurz mit Küchenpapier abtupfen und die Krapfen noch heiß auf einem flachen Teller in Zucker wälzen. Auf einem Kuchengitter erkalten lassen; erst danach die Füllung hineinspritzen (siehe unten).

DIE FÜLLUNG ZUBEREITEN:

1. Die verschiedenen Konfitüren nacheinander durch ein Sieb in separate kleine Schüsseln streichen. Die Hälfte der Aprikosenkonfitüre abnehmen und mit der grünen Lebensmittelfarbe einfärben.

2. Dann die verschiedenfarbigen Konfitüren jeweils in einen Spritzbeutel mit einer langen dünnen Lochtülle geben und in jeden der abgekühlten Krapfen seitlich etwas Füllung spritzen, sodass man am Ende Marmeladenkrapfen mit Füllungen in den verschiedenen Farben der vier Häuser von Hogwarts hat: rot für Gryffindor, gelb für Hufflepuff, grün für Slytherin und blau für Ravenclaw.

GOLDENE SCHNATZE

✦ ✦ ✦

Die bekannteste Sportart in der Zauberwelt ist fraglos Quidditch, das mit drei verschiedenen Ballarten gespielt wird: dem Quaffel, dem Klatscher — und dem Goldenen Schnatz. Diese goldene Kugel mit silbernen Flügeln zischt scheinbar ziellos durch die Luft. Während sechs Spieler eines Teams versuchen, den Quaffel durch die gegnerischen Tore zu befördern und die Klatscher abzuwehren, hat der Sucher einer Mannschaft einzig und allein die Aufgabe, den Schnatz zu fangen, der maßgeblich über Sieg und Niederlage entscheidet. Ursprünglich wurden beim Quidditch lebendige Vögel als Schnatz verwendet. Allerdings wurden die Vögel beim Fangen meist erdrückt, sodass die Schnatzer mit zunehmender Beliebtheit des Sports unter magischen Schutz gestellt und durch perfekte Nachbildungen aus Metall ersetzt wurden. *Diese* köstliche Schnatz-Variante indes besteht in erster Linie aus Schokolade, Vanille und gehackten Haselnüssen.

Ergibt: 14 Stück

Zutaten

5 Blatt Esspapier oder 20 kleine
    runde Oblaten
Lebensmittelsprühfarbe
    (silbern und golden)
20 g Butter, zzgl. etwas mehr
    zum Einfetten des Gummispatels
100 g Marshmallows
80 g Rice Krispies

1. Aus dem Esspapier die Schnatz-Flügel ausschneiden (siehe Bild) und mit silberner Lebensmittelfarbe besprühen.

2. Die Butter bei mittlerer Temperatur in einem Topf zerlassen. Die Marshmallows dazugeben und mit einem leicht mit Butter eingefetteten Gummispatel umrühren, bis sie vollständig geschmolzen sind. Dabei unbedingt darauf achten, dass nichts anbrennt!

3. Die Rice Krispies zugeben, untermengen und etwas abkühlen lassen. Ein Backblech mit Backpapier auslegen.

4. Mit leicht eingefetteten Händen – das Ganze ist eine verdammt klebrige Angelegenheit! – die noch warme Masse zu kleinen walnussgroßen Kugeln formen. Auf das vorbereitete Backpapier legen und vollständig abkühlen lassen.

5. Sind die Schnatz-Kugeln vollends abgekühlt, ringsum mit goldener Lebensmittelfarbe besprühen und an den Seiten die silbernen Flügel anbringen, indem man sie behutsam in die Kugeln steckt. Hierfür ggf. mit einem schmalen Messer eine Vertiefung hineinstechen, damit die Flügel ausreichend Halt haben.

Zauberhafte Kuchen und Torten

KESSELKUCHEN

✦ ✦ ✦

Harry genießt Kesselkuchen erstmals im Hogwarts-Express, auf der Fahrt zu seinem ersten Jahr an der Zauberschule, und teilt den Kuchen und seine übrigen Leckereien mit Ron, der kein Geld für Süßes hat.

Ergibt: 12 Stück

Zutaten

Für die Muffins
200 g Mehl
2 TL Backpulver
½ TL Natron
50 g gemahlene Mandeln
Prise Salz
2 TL Zimt
60 ml Rapsöl
2 Eier
120 g Zucker
200 ml Milch

Für die Dekoration
500 g dunkle Kuvertüre, fein gehackt
36 Callets oder Schokotropfen
50 g weiße Kuvertüre, fein gehackt
100 g Doppelrahm-Frischkäse
25 g weiche Butter
1 Päckchen Vanillezucker
400 g Schokoladenfrischkäse

Außerdem
eine 12er-Muffinform, 12 Muffin-Papierförmchen

1. Den Backofen auf 200 °C Ober-/Unterhitze vorheizen. Die Muffinform mit Papierförmchen auskleiden. Zwei Backbleche mit Backpapier auslegen.

2. Mehl mit Backpulver, Natron, Mandeln, Salz und Zimt gut vermischen. Rapsöl mit Eiern, Zucker und Milch verquirlen. Gut unter die Mehlmischung rühren. Den Teig in die Muffinförmchen füllen und 20–25 Minuten backen. Die Muffins herausnehmen, vollständig abkühlen lassen und etwas begradigen, damit sie nachher besser stehen.

3. Die dunkle Kuvertüre über einem warmen Wasserbad schmelzen. Etwas davon in einen Spritzbeutel mit feiner Tülle füllen und 12 nicht zu dünne Halbkreise auf das eine Backblech spritzen (das werden später die Henkel der Kessel). An einem kühlen Ort trocknen lassen.

4. Die restliche Kuvertüre in eine tiefere Schüssel umfüllen. Die Muffins kopfüber hineintauchen und zum Trocknen auf das 2. Backblech stellen. Jeweils 3 Callets als »Füße« an die noch flüssige Schokolade kleben (siehe Bild).

5. Weiße Kuvertüre überm warmen Wasserbad schmelzen, etwas abkühlen lassen. Frischkäse mit Butter und Vanillezucker glatt rühren. Kuvertüre gut untermischen.

6. Schokofrischkäse und Frischkäsecreme in je 1 Spritzbeutel mit großer Lochtülle geben. Zuerst die helle Creme mittig als breiten Tropfen auf die Muffins spritzen. Dann den Schokofrischkäse darum herum spritzen. Die Schokohenkel jeweils an den Seiten der Kessel in die Creme drücken. Vor dem Verzehr die Kessel einige Minuten fest werden lassen.

SIRUPTORTE

★ ★ ★

Harry liebt Sirup! Pudding mit Sirup, Sirupbonbons, vor allem anderen jedoch Siruptorte, wie auch Kreacher, der einstige Haus-Elf der Familie Black rasch bemerkt, als er nach dem Tod von Sirius in *Harry Potter und der Orden des Phönix* per Testament in den »Besitz« des Zauberschülers übergeht. Selbst als Harrys Freunde Ron und Hermine beim Abendessen in Streit geraten, zieht Harry es vor, sich rauszuhalten und stattdessen lieber seine Lieblingsnachspeise zu genießen: Siruptorte.

Ergibt: Stücke

Zutaten

Für den Teig
250 g Mehl, zzgl. etwas mehr zum Bestäuben der Arbeitsfläche
2 EL Puderzucker
Abrieb von 1 Bio-Zitrone
1 Prise Salz
175 g kalte Butter
1 Eigelb

Für die Füllung
600 ml Zuckersirup
1 Prise gemahlener Ingwer
150 g frisches Paniermehl
Abrieb und Saft von 1 Bio-Zitrone
1 Ei, verquirlt

Außerdem
1 Tarte-Form (ca. 23 cm)

1. Das Mehl, den Puderzucker, den Zitronenabrieb und das Salz in einer Schüssel vermengen. Die kalte Butter in Würfel schneiden und einarbeiten, bis die Mischung geschmeidig wird.

2. Das Eigelb und 1–2 EL sehr kaltes Wasser hinzufügen. Alles mit den Händen zu einem glatten Mürbeteig verarbeiten. Diesen auf einer leicht mit Mehl bestreuten Arbeitsfläche zu einem Ball formen. Achtung: Den Teig nicht zu gründlich kneten, da der Tortenboden sonst nicht knusprig genug wird.

3. Den Teig in Frischhaltefolie wickeln und 30 Minuten in den Kühlschrank legen. Dann ein Drittel davon abnehmen, den Rest wieder in Folie wickeln und in den Kühlschrank legen.

4. Den abgenommenen Teig zwischen zwei Bögen Backpapier ausrollen und zu einem Kreis von 30 cm Durchmesser ca. 5 mm dick ausrollen. Dann mit dem Nudelholz aufrollen (oder auf einem Blatt Backpapier belassen) und über die Tarte-Form breiten.

5. Mit einem Stück überschüssigem Teig (anstatt mit den Fingern, da die Nägel den Teig beschädigen könnten) am Boden und den Rändern der Form festdrücken. Dabei darauf achten, dass der Teig bis in alle Ecken reicht. Etwaige Löcher und Lücken im Teig mit etwas Extrateig verschließen. Den Teigboden mehrmals mit einer Gabel einstechen und für weitere 30 Minuten in den Kühlschrank geben.

6. Derweil den Backofen auf 190 °C vorheizen. Ein Backblech zum Vorwärmen auf der mittleren Schiene in den Ofen schieben.

→

7. Den gekühlten Tortenboden mit Backpapier auslegen und mit Backbohnen oder anderen Gewichten zum Blindbacken füllen. Für 15 Minuten auf das Backblech im vorgeheizten Ofen geben, dann das Backpapier und die Gewichte entfernen und nochmals ca. 5 Minuten backen bzw. so lange, bis der Tortenboden goldbraun ist.

8. Den übrigen Teig aus dem Kühlschrank nehmen und zwischen zwei Bögen Backpapier möglichst dünn (ca. 2–3 mm) zu einem Kreis von ca. 25 cm Durchmesser ausrollen. In 5 mm schmale Streifen schneiden und beiseitestellen.

DIE FÜLLUNG ZUBEREITEN:

1. Den Zuckersirup und den gemahlenen Ingwer bei niedriger Hitze in einem Topf erwärmen, bis die Masse heiß ist, aber nicht kocht. Das Paniermehl, die Zitronenschale, den Zitronensaft und das Ei einrühren, bis alles gut vermischt ist. Auf den Tortenboden geben und gleichmäßig verstreichen.

2. Mit den vorbereiteten Teigstreifen ein Gittermuster auf die Füllung legen. Hierzu zunächst auf einem Stück Backpapier in einer Ecke anfangen und die Teigstreifen dann wie beim Flechten über- und untereinander legen. Das Gitter dann vorsichtig oben auf die Torte heben und das Papier behutsam darunter wegziehen. (Dies geht allemal einfacher, als die Teigstreifen einzeln direkt auf der Torte zu arrangieren, da hier die Gefahr besteht, dass der Teig in die Füllung fällt.)

3. Die Torte ca. 30–35 Minuten im vorgeheizten Ofen backen, bis die Füllung sich gesetzt hat und der Teig goldbraun ist. Aus dem Ofen nehmen und 15 Minuten auf einem Kuchengitter abkühlen lassen.

4. Die Torte dann behutsam aus der Form lösen und warm servieren. Achtung: Sollte etwas von der Torte übrig bleiben, diese Stücke vor dem nächsten Verzehr unbedingt ein wenig im Ofen erwärmen. Sie wird beim Abkühlen schnell sehr hart!

WINGARDIUM LEVIOSA

— ✦ ✦ ✦ —

Man weiß zwar nicht, was den Zauberer Bertie Bott einst dazu bewog, seine legendären Bohnen zu erfinden. Jedenfalls gibt es sie in allen nur erdenklichen Geschmacksrichtungen: So besteht die Möglichkeit, neben Aromen wie Schokolade, Pfefferminz und Erdbeere eher gewöhnungsbedürftige »Gaumenfreuden« wie Spinat, Leber, Kutteln oder — Igitt! — Popelgeschmack zu erwischen. Da kann Harry von Glück sagen, der bei seiner ersten Zugfahrt nach Hogwarts eine Tüte Bohnen vom Imbisswagen kauft, die u. a. nach Toast, Kokosnuss, Curry, Gras, Kaffee und Sardine schmecken. Für die Füllung dieser Schwebetorte nehmen wir aber nur leckere Sorten!

Ergibt: ca. 8 Stücke

Zutaten

Für den Biskuitteig
2 Eier
100 g Zucker
100 g Mehl
30 g Speisestärke
2 TL Backpulver

Für die Creme
300 g weiße Kuvertüre, fein gehackt
100 g Schlagsahne

Für die Dekoration
ca. 25 Schokoladenriegel
250 – 300 g Jelly Beans
25 g weiße Kuvertüre, fein gehackt

Außerdem
1 dünne Grissini-Brotstange oder
1 Schaschlikstab,
1 kleine Springform (18 cm)

1. Den Backofen auf 175 °C Ober-/Unterhitze vorheizen. Eine kleine Springform (18 cm Durchmesser) mit Backpapier auslegen. Den Rand (im Gegensatz zum »üblichen« Vorgehen) ausnahmsweise nicht einfetten, da der Teig sonst nicht gleichmäßig aufgeht.

2. Die Eier und den Zucker zu hellem, cremigem Schaum schlagen. Mehl, Speisestärke und Backpulver vermischen und in eine separate Schüssel sieben. Die Mehlmischung esslöffelweise in die Eimasse geben und mit einem Teigschaber behutsam unterheben.

3. Den Teig in die vorbereitete Springform füllen, glatt streichen und ca. 30 Minuten im vorgeheizten Ofen backen. Anschließend aus dem Ofen nehmen, vollständig auskühlen lassen und erst dann aus der Form lösen.

4. Die Kuvertüre in eine Schüssel geben. Die Sahne unter ständigem Rühren bei mittlerer Temperatur in einem kleinen Topf aufkochen. Über die Kuvertüre gießen und mit einem Teigspatel rühren, damit die Hitze sich gleichmäßig verteilt und die Kuvertüre schmilzt.

5. Die Creme danach vollständig abkühlen lassen. Anschließend mit den Schneebesen des Handrührgeräts aufschlagen, gleichmäßig auf dem Kuchen verteilen und glatt streichen.

6. Die Schokoladenriegel mit der glatten Seite aufrecht um den Kuchen herum anordnen und dabei leicht andrücken. (Sollten die Riegel nicht richtig halten, einfach ein Band um den Kuchen inklusive Schokoladenriegel binden. Durch die Kühlung wird später alles fest, und man kann das Band bedenkenlos entfernen.)

→

7. Die Jelly Beans auf der noch weichen Creme drapieren. Damit sie nicht herunterkullern, etwas Creme darunterstreichen und die Jelly Beans behutsam hineindrücken. Einige Minuten fest werden lassen.

8. Für den Schwebeeffekt die Brotstange oder den Schaschlikstab leicht schräg oben in den Kuchen stecken und die Bohnen einzeln mit flüssiger Schokolade daran befestigen. Hierfür zuvor über einem warmen Wasserbad die weiße Schokolade schmelzen.

9. Das Dekorieren ist in diesem Fall ein bisschen zeitaufwendiger, da man immer warten muss, bis die Schokolade angezogen hat, bevor man die nächsten Bohnen anbringen kann. Evtl. das Ganze zwischendurch immer wieder für ein paar Minuten in den Kühlschrank stellen, bis schließlich alles fertig ist und es so aussieht, als würde ein Schwebezauber Bertie Botts Bohnen (in allen Geschmacksrichtungen) über der Torte in der Luft halten.

Herbeigezauberter Apfelstrudel

✦ ✦ ✦

Phantastische Tierwesen und wo sie zu finden sind aus der Feder von Newt Scamander gehört zu den mit Abstand bekanntesten Büchern des Potter-Versums. Im gleichnamigen Film aus der Feder von J. K. Rowling zaubert die Hexe Queenie Goldstein unter den staunenden Blicken des liebenswerten Muggels Jacob Kowalski Apfelstrudel — den besten, den Jacob je gegessen hat, wie er satt und glücklich zu Protokoll gibt.

Ergibt: 12 Stück

Zutaten

250 g Quark
3 Äpfel (500 g), geraspelt
2 EL Zitronensaft
75 g Butter
30 g Stärkemehl
75 g Zucker
1 TL Zimt
50 g Rosinen
50 g gehackte Mandeln
6 Strudelteigblätter
  (fertig aus dem Kühlregal)
Öl zum Frittieren
Puderzucker, nach Belieben

1. Den Quark in einem sauberen Küchentuch gut ausdrücken und in eine Schüssel geben. Geraspelte Äpfel und Zitronensaft mischen. Zum Quark geben, alles gut mischen und die sich absetzende Flüssigkeit abgießen.

2. 25 g Butter in einem Topf schmelzen. Stärke, Zucker und Zimt zufügen; unter ständigem Rühren anrösten. Auf einem Teller etwas abkühlen lassen und mit Rosinen sowie Mandeln unter die Apfel-Quark-Masse mischen.

3. Je 2 Blätter Strudelteig übereinanderlegen und in 4 Quadrate (18 x 18 cm) schneiden. Je 1 gehäuften EL der Füllung gleichmäßig am unteren Ende der Teigquadrate verteilen. Dabei an drei Seiten einen Rand von ca. 1 cm freilassen und mit restlicher Butter bestreichen.

4. Von den Seiten her aufrollen. Sind die Strudel etwa zur Hälfte aufgerollt, die seitlichen Enden umschlagen, nochmals mit Butter bepinseln und gut andrücken, damit sie schön fest zusammenkleben und die Füllung beim Frittieren nicht ins Öl gelangt. Diesen Vorgang mit dem übrigen Teigblättern und der restlichen Füllung wiederholen, um 12 Mini-Apfelstrudel zu erhalten.

5. In einem großen Topf das Öl erhitzen. Darin je 3 Strudel auf einmal jeweils 3–5 Minuten goldbraun frittieren. Auf Küchenpapier abtropfen und etwas abkühlen lassen. Vor dem Servieren nach Belieben mit Puderzucker bestreuen und lauwarm genießen!

FALSCHE PFEFFERMINZTÖRTCHEN

✦ ★ ★ ★ ✦

Nicht bloß im realen Großbritannien, auch in der Magischen Welt von Harry Potter sind Pfefferminztörtchen untrennbar mit dem Weihnachtsfest verbunden. Mrs. Weasley z. B. schickt Harry jedes Jahr zusammen mit einem selbst gestrickten Pulli und verschiedenen Süßigkeiten einen ganzen Schwung dieser Leckerei, die angeblich das Lieblingsgericht des Weihnachtsmannes ist.

Ergibt: 22 Stück

Zutaten

185 g kalte Butter, zzgl. etwas mehr
   zum Einfetten der Muffinformen
250 g Mehl, zzgl. etwas mehr zum
   Arbeiten
1 TL Salz
1 TL Zucker
1 Eigelb
200 g getrocknete Aprikosen
150 g getrocknete Datteln
1 TL gemahlener Piment
5 EL Orangenlikör
Puder- oder Kristallzucker, nach
   Belieben

Außerdem
je 1 runder Ausstecher
   (7 cm + 5 cm Durchmesser)
2 Muffinbleche mit je 12 Mulden

1. Die kalte Butter in kleine Würfel schneiden und mit dem Mehl verkneten. Das Salz, den Zucker, das Eigelb und 2–3 EL kaltes Wasser dazugeben. Mit den Händen zügig zu einem glatten Teig verkneten. Den Teig zu einem Ball formen, flach drücken, in Frischhaltefolie wickeln und 1 Stunde in den Kühlschrank legen.

2. Für die Füllung die Aprikosen und die Datteln in ca. 3 cm große Stückchen hacken. In einem Topf 150 ml Wasser aufkochen, die Trockenfrüchte hineingeben, kurz köcheln lassen und vom Herd nehmen. Mit Piment und Likör würzen und abkühlen lassen.

3. Den Backofen auf 180 °C vorheizen.

4. Den gekühlten Teig auf einer bemehlten Arbeitsfläche ca. 3 mm dünn ausrollen und mit einem Keksausstecher ca. 22 Kreise à 7 cm Durchmesser ausstechen.

5. 22 Mulden der Muffinbleche mit Butter einfetten, mit etwas Mehl bestreuen und die Teigkreise in die Mulden drücken. Je 1 EL Füllung daraufgeben. Den restlichen Teig dünn ausrollen, 22 kleinere Kreise (ca. 5 cm Durchmesser) daraus ausstechen und als »Deckel« auf die Füllung legen. Jeweils leicht andrücken.

6. Die Törtchen im vorgeheizten Ofen auf der zweiten Schiene von unten 30–35 Minuten backen. Aus dem Ofen nehmen, etwas abkühlen lassen und vorsichtig aus den Formen stürzen.

7. Nach Belieben mit Puder- oder Kristallzucker bestreuen. In einem luftdicht verschließbaren Behälter halten sich die Törtchen bis zu zwei Wochen.

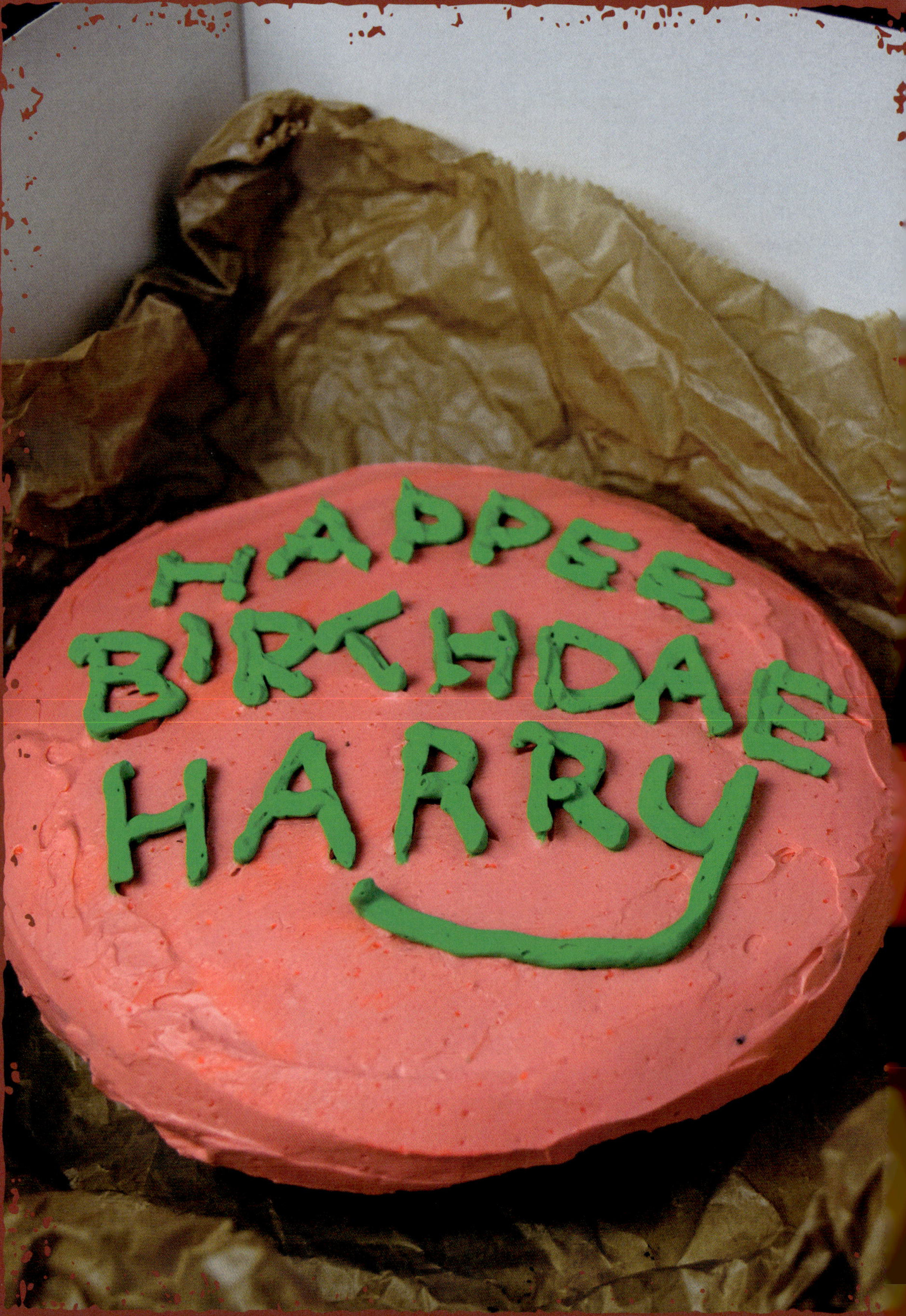
HAPPEE
BIRTHDAE
HARRY

Harrys Geburtstagskuchen

✦ ✦ ✦

Vor seiner Einschulung in Hogwarts war Harrys Leben bei der Dursleys, seiner grässlichen »Pflegefamilie«, von Erniedrigung, Missachtung und Vernachlässigung geprägt. Zwar ließen Onkel Vernon und Tante Petunia ihn nicht unbedingt Hunger leiden, doch offenkundig missgönnten sie ihm jeden kläglichen Bissen, der von ihrem Tisch für ihn abfiel. Da verwundert es nicht, dass Tante Petunia ihrem Neffen, der in seinem Leben nach dem Tod seiner Eltern nie Liebe und Zuneigung erfahren hat, in all den Jahren nicht einmal einen Geburtstagskuchen gebacken hat. Das ändert sich erst an Harrys 11. Geburtstag, als er von Hagrid, der ihn aus seinem »Gefängnis« befreit, einen »großen klebrigen Schokoladenkuchen« samt krakeliger grüner, rechtschreibtechnisch nicht ganz korrekter Zuckerguss-Widmung bekommt.

Ergibt: 12 Stücke

Zutaten

Für den Schokoladenkuchen
200 g Zartbitterschokolade
320 g Butter
8 Eier
250 g Zucker
1 TL Vanilleextrakt
1 Prise Salz
30 g Backkakao
2 gestrichener TL Backpulver
190 g Mehl

Für die Buttercreme
1 Päckchen Vanillepuddingpulver
400 ml Milch
2 EL Zucker
190 g Butter, zimmerwarm
50 g Puderzucker
grüne Lebensmittelfarbe
rote Lebensmittelfarbe

DEN SCHOKOLADENKUCHEN ZUBEREITEN:

1. Den Backofen auf 160 °C Ober-/Unterhitze vorheizen. Den Boden einer Springform (ca. 20 cm) mit Backpapier auslegen.

2. Die Zartbitterschokolade grob hacken. Die Butter bei niedriger Temperatur in einem Topf zerlassen, aber auf keinen Fall bräunen! Die Schokolade unterrühren und ebenfalls schmelzen. Die Schokomasse anschließend einige Minuten abkühlen lassen

3. Die Eier, den Zucker, den Vanilleextrakt und das Salz in einer Schüssel verrühren. Die abgekühlte Schokoladen-masse hinzugeben, dabei ständig kräftig rühren.

4. In einer separaten Schüssel den Backkakao und das Back-pulver mit dem Mehl mischen,. Zu den feuchten Zutaten geben und alles zu einem glatten Teig verarbeiten.

5. In die vorbereitete Springform füllen und im vorgeheizten Ofen 30–35 Minuten backen. (Der Teig ist gar, wenn ein Zahnstocher, den man in die Mitte des Kuchens pikst, sauber wieder herauskommt.) Den Kuchen anschließend auf einen Teller stürzen und vollständig erkalten lassen. Das Backpapier abziehen und den Kuchen waagerecht in der Mitte halbieren, sodass 2 Böden entstehen.

→

DIE BUTTERCREME ZUBEREITEN:

1. Den Pudding nach Packungsanleitung zubereiten, dabei jedoch nur 400 ml Milch und 2 EL Zucker verwenden. Den Pudding anschließend auf Zimmertemperatur abkühlen lassen (aber nicht kalt stellen). Damit sich beim Abkühlen keine Haut bildet, mit Klarsichtfolie abdecken. Wichtig: Zum Verarbeiten müssen die Butter und der Pudding später dieselbe Temperatur haben!

2. Die zimmerwarme Butter und den gesiebten Puderzucker in eine Schüssel geben und schaumig schlagen. Anschließend esslöffelweise den zimmerwarmen Pudding hinzufügen und dabei ständig alles auf höchster Stufe mit dem Schneebesen des Handrührgeräts schlagen.

3. Ein Viertel der Creme für die Füllung des Kuchens abnehmen. Von der restlichen Creme einen kleinen Teil für die Schrift abnehmen und mit grüner Lebensmittelfarbe einfärben. Den Rest mit der roten Lebensmittelfarbe rosa färben.

DIE TORTE ZUSAMMENFÜGEN:

1. Den unteren Teigboden auf eine Tortenplatte legen und gleichmäßig mit der nicht eingefärbten Buttercreme bestreichen (dies geht am besten mit einer kleinen Winkelpalette oder einem Messer). Dann den zweiten Boden darübersetzen und leicht andrücken.

2. Nun die gesamte Torte mit der rosafarbenen Creme bestreichen. Hierbei nicht übermäßig sorgsam vorgehen, schließlich ist die Torte ein Geschenk von Hagrid an Harry.

3. Die grüne Buttercreme in einen Spritzbeutel mit feiner Tülle geben und den typischen Geburtstagsgruß (oder einen eigenen) auf diie Torte spritzen. Wer sich ganz genau an die Vorlage halten möchte, kann mit einem Messer außerdem noch den charakteristischen Riss in die Torte schneiden. Die Torte bis zum Servieren kalt stellen.

Kanarienkremschnitten

✦ ✦ ✦

Kanarienkremschnitten gehören zu den Verkaufsschlagern der Scherzkekse Fred und George Weasley. Schon bevor sie sich mit ihrem Geschäft »Weasleys Zauberhafte Zauberscherze« selbstständig machten, haben die Zwillinge die Schnitten an ihren nichtsahnenden Mitschülern in Hogwarts ausprobiert. So manchem wuchs unter allgemeinem Gelächter unversehens ein Federkleid, bis die Gryffindors schließlich alles, was die Weasley-Brüder ihnen zum Kosten anboten, mit größter Vorsicht genossen. Aber keine Sorge: Diese Variante ist vollkommen harmlos!

Ergibt: 24 Stück

Zutaten

Für den Biskuitboden
125 g Mehl
1 TL Backpulver
5 Eier
125 g Zucker
1 Prise Salz
Abrieb von 1 Bio-Zitrone

Für die Creme
4 Becher Schlagsahne
250 g Quark
500 g Griechischer Joghurt
150 g Zucker
1 Päckchen Vanillezucker
19 Blatt weiße Gelatine

Für den Guss
600 g Mangofruchtfleisch
3 EL Zucker
Saft von ½ Zitrone
200 ml Orangensaft

Außerdem
1 Backrahmen in Größe des Backblechs

DEN BISKUITBODEN ZUBEREITEN:

1. Den Backofen auf 160 °C Umluft vorheizen. Ein Backblech mit Backpapier auslegen, einen passenden Backrahmen daraufgeben.

2. Das Mehl und das Backpulver in einer Schüssel miteinander vermischen und sieben.

3. In einer anderen Schüssel die Eier mit dem Zucker und dem Salz mehrere Minuten hellschaumig schlagen. Den Zitronenabrieb dazugeben und unterrühren. Dann nur ganz kurz das Mehl-Backpulver-Gemisch unterheben.

4. Den Teig in den Backrahmen füllen und mit einem Teigschaber gleichmäßig verstreichen und ca. 25 Minuten im vorgeheizten Ofen backen.

5. Anschließend aus dem Ofen nehmen und zunächst vollständig abkühlen lassen. Dann den Biskuit auf eine Kuchenplatte setzen und das Backpapier abziehen. Den Backrahmen hingegen NICHT entfernen!

→

DIE CREME ZUBEREITEN:

1. Die Sahne in einer Schüssel steif schlagen.

2. Den Quark, den Joghurt, den Zucker und den Vanillezucker in einer separaten Schüssel cremig rühren.

3. 12 Blatt Gelatine 5 Minuten in reichlich kaltem Wasser einweichen, etwas ausdrücken und in einem kleinen Topf bei geringer Hitze vorsichtig erwärmen. Dabei rühren, bis sich die Gelatine aufgelöst hat. (Bitte beachten, dass die Gelatine nicht zu heiß werden darf, da sie sonst später nicht wieder fest wird!).

4. Nun 1–2 EL der Joghurtcreme in die Gelatine geben und alles gründlich verrühren. Anschließend die Gelatinemischung in die Schüssel zur übrigen Joghurtcreme fließen lassen und dabei alles auf höchster Stufe mit den Schneebesen des Handrührgeräts schlagen.

5. Mit einem großen Schneebesen die geschlagene Sahne nach und nach unter die Joghurtmasse heben. Wenn alles gut miteinander vermischt ist, die Creme in den Backrahmen geben und gleichmäßig auf dem Biskuitboden verstreichen. Für mindestens 1 Stunde in den Kühlschrank stellen.

DEN GUSS ZUBEREITEN:

1. Das Mangofruchtfleisch fein pürieren. Den Zucker und den Zitronensaft dazugeben und mit dem Orangensaft auffüllen.

2. Die restlichen 7 Blatt Gelatine in reichlich kaltem Wasser einweichen. Nach 5 Minuten die Gelatine leicht ausdrücken und unter ständigem Rühren mit der Fruchtmischung in einem Topf erwärmen, bis sich die Gelatine vollständig aufgelöst hat.

3. Den Topf vom Herd nehmen und die Masse etwas abkühlen lassen. Dann gleichmäßig auf dem Kuchen verteilen und für mindestens 4 Stunden (oder am besten über Nacht) in den Kühlschrank stellen.

4. Vor dem Servieren ein Messer in heißes Wasser tauchen und den Kuchen damit behutsam vom Rand des Backrahmens lösen. In 24 gleich große Stücke schneiden.

Bananen-Toffee-Pie

✦ ✦ ✦

Pasteten gehören zu den ältesten Speisen der Welt. Bereits auf sumerischen Keilschrifttafeln aus dem Jahre 1700 v. Chr. finden sich Rezepte für Geflügelpastete. Drei Jahrtausende später griffen die Franzosen und andere »Festlandeuropäer« diese gefüllten Teigtörtchen auf, ehe schließlich auch die Briten großen Gefallen daran fanden. Der exzentrische Professor Slughorn z. B. hegt eine ausgesprochene Vorliebe für Pasteten aller Art und tischt sie regelmäßig bei Zusammenkünften seines »Slug-Klubs« seinen Lieblingsschülern auf. Doch während Pasteten früher zumeist recht deftig und mit gehacktem Fleisch und Gewürzen gefüllt waren, lassen sich diese Blätterteigleckereien ebenso gut auch süß zubereiten. Ein Beispiel hierfür ist diese typisch britische Pastete, die irgendwann in den 1970ern in England entstand und auf der — seinerzeit — »bahnbrechenden« Erkenntnis beruht, dass man aus Dosenmilch Karamell herstellen kann, wenn man sie nur lange genug kocht. Zauberei? Nicht wirklich. Doch in jedem Fall verdammt lecker!

Ergibt: 12 Stücke

Zutaten

Für den Boden
200 g Vollkornkekse
90 g Butter

Für die Füllung
ca. 400 g Dulche de Leche
  (alternativ die Karamellcreme
  aus dem Schokoladen-Karamell-
  Schnitten-Rezept, Expecto
  Patronum!, S. 75)
3 Bananen
2 EL Zitronensaft

Für die Creme
200 g Schlagsahne
1 Päckchen Sahnefestiger
2 Päckchen Vanillezucker
200 g Schmand
Backkakao zum Bestäuben

1. Eine Springform mit 22 cm Durchmesser und herausnehmbarem Boden mit Frischhaltefolie auslegen.

2. Die Kekse in einen Gefrierbeutel füllen und mithilfe eines Nudelholzes zerbröseln. Die Butter schmelzen und mit den Bröseln in einer Schüssel gründlich vermengen.

3. In die Backform geben und gleichmäßig in die Form drücken, dabei am Rand leicht hochziehen. 2–3 Stunden in den Kühlschrank stellen.

4. Dulce de Leche bzw. Karamellcreme auf dem Keksboden verteilen und glatt streichen. Achtung: Die selbst gemachte Karamellcreme vorher erst abkühlen lassen!

5. Die Bananen schälen, in Scheiben schneiden und sofort mit dem Zitronensaft mischen. Gleichmäßig auf der Füllung verteilen.

6. Die Sahne mit dem Sahnefestiger und dem Vanillezucker in einer Schüssel steif schlagen. In einer separaten Schüssel den Schmand cremig rühren.

7. Sahne und Schmand gut miteinander mischen, auf die Bananenschicht geben und glatt streichen. Mithilfe eines kleinen Siebs den Backkakao über die Creme stäuben.

Kirsch-Lavendel-Crumble

* * *

Harrys bester Freund Ron ist berüchtigt für seinen schier unstillbaren Appetit. Wenn es etwas Leckeres gibt, geraten Rons Prioritäten schon mal ein wenig durcheinander. Was immer wieder zu Kabbeleien mit Hermine führt, die einfach nicht begreifen kann, wie Ron in den unmöglichsten Situationen ans Essen denken kann, während rings um ihn her sprichwörtlich die Welt untergeht. Dementsprechend fühlt Ron sich in Hogwarts wie im Schlaraffenland, weil dort nach dem ohnehin stets üppigen Hauptgang eine schier unüberschaubare Menge an Nachspeisen serviert wird, von Eis und Kuchen über Milchreis und Krapfen bis hin zu Schoko-Eclairs und Pudding. Da darf ein klassischer englischer Crumble natürlich nicht fehlen! Dieses Rezept mit Kirschen und Lavendel klingt nicht bloß unglaublich raffiniert und lecker — es schmeckt auch so.

Ergibt: 2 Portionen

Zutaten

80 g kalte Butter, zzgl. etwas mehr
    zum Einfetten
1 Glas Sauerkirschen
2 EL Vanillepuddingpulver
1 Päckchen Vanillezucker
130 g Mehl
100 g gemahlene Mandeln
60 g Rohrzucker
1 Prise Salz
1 TL getrocknete Lavendelblüten

Außerdem
2 feuerfeste Formen (à ca. 250 ml
    Inhalt)

1. Den Backofen auf 180 °C vorheizen. 2 feuerfeste Förmchen mit Butter einfetten.

2. Die Kirschen abtropfen lassen. In einer Schüssel mit dem Puddingpulver und dem Vanillezucker mischen.

3. In einer separaten Schüssel das Mehl und die gemahlenen Mandeln miteinander vermengen. Die kalte Butter in kleinen Stücken dazugeben und alles mit den Händen zu Streuseln verarbeiten. Zucker und Salz untermischen.

4. Die Kirschen in die eingefetteten Förmchen geben und die getrockneten Lavendelblüten darüberstreuen. Die Streusel gleichmäßig auf den Kirschen verteilen.

5. Den Crumble auf der mittleren Schiene für 20–25 Minuten in Ofen backen, bis die Streusel goldbraun sind. Aus dem Ofen nehmen, einige Minuten abkühlen lassen und lauwarm servieren.

APFELKUCHEN

✦ ✦ ✦

Ron Weasley ist nicht bloß Harrys bester Freund, sondern auch ein echter »Vielfraß«. Neben seinen roten Haaren und seiner unerschütterlichen Loyalität ist sein schier unbändiger Appetit einer seiner markantesten Wesenszüge. Neben Süßkram aller Art liebt Ron vor allem Apfelkuchen. Dementsprechend betrübt ist er in *Harry Potter und der Orden des Phönix*, seinen halb aufgegessenen Kuchen stehen lassen zu müssen, als die (unbegründeten) Ressentiments eines Großteils der Schülerschaft gegenüber Harry nach seiner lautstarken Auseinandersetzung mit Professor Umbridge wegen Dem-dessen-Name-nicht-genannt-werden-darf seinen Freunden beim Abendessen in der Großen Halle gründlich den Appetit verderben. Und wer könnte es Ron verdenken? Schließlich geht nichts über ein großes Stück Apfelkuchen mit einem Berg köstlicher Schlagsahne — *vor allem*, wenn man wütend ist! Dieses Rezept jedenfalls zaubert jedem ein Lächeln aufs Gesicht, und das ganz ohne jede Magie!

Ergibt: 18 Stücke

Zutaten

600 g Äpfel (3—4 Stück)
Saft von ½ Zitrone
60 g Rohrzucker
1 Packung backfeste Fertig-
   Puddingcreme
100 ml Milch
200 g Schmand
1 Packung Blätterteig (fertig aus
   dem Kühlregal)

Außerdem
1 Tarteform (28 cm)

1. Den Backofen auf 200 °C Ober-/Unterhitze vorheizen. Den Boden der Tarteform (ca. 28 cm Durchmesser) mit Backpapier auslegen.

2. Die Äpfel waschen, trocken reiben, schälen, vierteln und das Kerngehäuse entfernen. Apfelviertel mit einem Gemüsehobel in sehr dünne Scheiben schneiden. Sofort mit dem Zitronensaft vermischen, damit sie nicht braun werden, und den Zucker untermischen.

3. Das Puddingpulver gründlich mit der Milch und dem Schmand verrühren und die Äpfel daruntermischen.

4. Den Blätterteig in die vorbereitete Form legen und überstehende Ränder an den Seiten sauber abtrennen. (Aus den Teigresten nach Belieben ganz zum Schluss vor dem Backen Figuren ausstechen und als Verzierungen auf den Kuchen legen.)

5. Die Apfel-Pudding-Masse gleichmäßig auf dem Teig verteilen. (Jetzt optional die Blätterteigfiguren daraufleg!) Den Kuchen ca. 30 Minuten im unteren Drittel des vorgeheizten Ofens backen.

6. Anschließend aus dem Backofen nehmen und leicht auskühlen lassen. Lauwarm nach Belieben mit Vanilleeis oder aufgeschlagener Sahne servieren.

Johannisbeer-Gugelhupf

✲ ✲ ✲

Das Schuljahr in Hogwarts beginnt traditionell auf dieselbe Weise, wie es endet: mit einem spektakulären Festmahl, bei dem nach Herzenslust geschlemmt wird. Doch obgleich bei diesen Festivitäten alle möglichen Arten wundervoller Gerichte serviert werden, erfreuen sich Süßspeisen bei Schülern und Lehrerschaft ganz besonders großer Beliebtheit. Neben Unmengen von Siruptorten, Kürbiskuchen, Eiscreme und Rosinenpudding findet sich dabei auch so mancher Gugelhupf — was kein Wunder ist, schließlich verheißt allein der Name schon etwas Zauberhaftes! Gugelhupf ... Das klingt eher nach einer magischen Kreatur als nach einem Formkuchen. Grindelohs, Animagi, Nagini ... und Gupfelhupfe! Wobei der Vorteil des gemeinen Gugelhupfs im Gegensatz zu den anderen genannten Wesen zweifellos der ist, dass er einen nicht verspeisen will ... im Gegenteil! Andersherum wird ein Portschlüssel draus!

Ergibt: 16 Stücke

Zutaten

110 g weiche Butter zzgl. etwas mehr zum Einfetten

160 g Mehl zzgl. etwas mehr für die Backform

100 g rote Johannisbeeren (frisch oder tiefgekühlt)

90 g Zucker

1 Päckchen Vanillezucker

1 Prise Salz

2 Eier

80 g saure Sahne

2 TL Backpulver

1. Den Backofen auf 170 °C vorheizen. Eine mittelgroße Gugelhupfform gründlich mit Butter einfetten und mit Mehl bestreuen.

2. Die Johannisbeeren waschen und gut abtropfen lassen bzw. auftauen.

3. Weiche Butter mit Zucker, Vanillezucker und Salz mit den Schneebesen des Handrührgeräts schaumig schlagen. Die Eier einzeln nacheinander unterschlagen. Zum Schluss die saure Sahne unterrühren.

4. In einer separaten Schüssel das Mehl und das Backpulver vermischen. Zur Buttermischung sieben und alles gut verrühren.

5. Die Johannisbeeren behutsam unterheben, damit sie nicht platzen und matschig werden. Den Teig gleichmäßig in die vorbereitete Gugelhupfform geben.

6. Gugelhupf ca. 40 Minuten im vorgeheizten Ofen backen, bis ein Zahnstocher, den man in die Mitte des Kuchens pikst, sauber wieder herauskommt.

7. Aus dem Ofen nehmen und in der Form vollständig abkühlen lassen. Erst danach vorsichtig auf einen Servierteller stürzen.

Magischer Baumkuchen

✦ ✦ ✦

Mit den Bäumen auf dem Gelände von Hogwarts ist es so eine Sache: Die Peitschende Weide zum Beispiel fürchten alle als höchst gehässigen, boshaften Baum, der mit seinen Ästen immer wieder für allerlei Unheil sorgt und am liebsten harmlose Singvögel wegklatscht. Aber nicht jeder Baum ist schlecht. Tatsächlich gibt es sogar jede Menge ganz entzückende Bäume dort draußen. Eine Hommage an sie ist dieser Baumkuchen, der mit sieben süßen Jahresringen einfach jeden bezaubert!

Ergibt: ca. 16 Stücke

Zutaten

250 g weiche Butter zzgl. etwas
    mehr zum Einfetten
200 g Zucker
1 Prise Salz
1 Päckchen Vanillezucker
6 Eier, getrennt
100 g Marzipanrohmasse,
    fein gewürfelt
3 EL Milch
150 g Mehl
100 g Speisestärke
3 TL Backpulver
3 Tropfen Bittermandelaroma
200 g Zartbitterkuvertüre,
    grob gehackt

1. Den Boden einer Springform (ca. 26 cm) mit Backpapier auslegen und den Rand einfetten. Den Backofen auf Grillstufe 1 einstellen und vorheizen.

2. Die Butter, den Zucker, das Salz und den Vanillezucker schaumig schlagen. Die Eigelbe einzeln dazugeben und beständig weiter schaumig rühren.

3. Die Marzipanmasse mit der Milch in einem kleinen Topf erwärmen und miteinander verrühren. Zur Zucker-Ei-Masse geben und gründlich unterrühren.

4. Das Mehl mit Speisestärke, Backpulver und Bittermandelaroma miteinander vermischen und esslöffelweise zur Teigmasse hinzufügen.

5. Die Eiweiße steif schlagen und vorsichtig unterheben.

6. 3 EL Teig auf den Boden der Springform gleichmäßig verteilen (z. B. mit einem Tortenheber oder Löffel). Im vorgeheizten Backofen auf der untersten Schiene für ca. 3–4 Minuten grillen, bis die Oberfläche goldbraun ist.

7. Aus dem Ofen nehmen, die nächste Teigschicht auftragen und weitere ca. 3 Minuten in den Ofen geben. So weiter verfahren, bis der gesamte Teig aufgebraucht ist.

8. Den fertigen Baumkuchen abkühlen lassen und behutsam aus der Form lösen.

9. Die Kuvertüre über einem warmen Wasserbad unter Rühren schmelzen und flüssig über den Kuchen ziehen. Vor dem Servieren den Schoko-Guss vollständig fest werden und abkühlen lassen.

OBSTKUCHEN

※ ※ ※

Mit den Kochkünsten von Harrys Tante Petunia ist es nicht allzu weit her: Schließlich nagelt Onkel Vernon in *Harry Potter und der Stein der Weisen* mit ihrem Obstkuchen den Briefschlitz zu, um zu verhindern, dass Harry die Mitteilung über seine Aufnahme in Hogwarts erhält. Mit diesem köstlichen Obstkuchen indes lassen sich garantiert keine Nägel in die Wand schlagen: Er ist so weich und fluffig, dass er schon beim Angucken fast auseinanderfällt — spätestens aber auf der Zunge!

Ergibt: ca. 16 Stücke

Zutaten

600 g Trockenfrüchte (z. B. Pflaumen, Aprikosen, Datteln, Feigen, Äpfel, Rosinen)

50 g gehackte Mandeln

50 g gehackte Walnüsse

50 g gehackte Pekannüsse

ca. 250 ml Orangensaft

etwas Rum oder Rum-Aroma, nach Belieben

Butter und Mehl zum Einfetten der Backform

100 g brauner Zucker

1 TL Zimt

1 TL Piment

½ TL Backnatron

250 g Mehl

½ TL Backpulver

2 Eier

1 Prise Salz

Außerdem

Kastenform (25 x 10 cm)

1. Die Trockenfrüchte fein hacken und mit den Mandeln und Nüssen in eine Schüssel geben. So viel Orangensaft angießen, dass alles bedeckt ist. Rum oder Rum-Aroma zufügen und alles mindestens 2 Stunden, am besten aber über Nacht ziehen lassen.

2. Den Backofen auf 160 °C Ober-/Unterhitze vorheizen. Eine Kuchenform mit Butter einfetten und mit Mehl bestäuben.

3. Die Früchte abgießen, den Rum auffangen und in einen kleinen Topf geben. Zucker, Zimt, Piment, Natron und 250 ml Wasser zufügen. Bei mittlerer Hitze unter Rühren erhitzen und 5 Minuten köcheln lassen. Vom Herd nehmen. Einen Esslöffel von der Flüssigkeit abnehmen und beiseitestellen.

4. Das Mehl in einer Schüssel mit dem Backpulver vermischen. Über die Früchte-Nuss-Mischung sieben und unterrühren.

5. Eier mit Salz sehr schaumig schlagen. Den zuvor vom Topf abgenommenen Esslöffel warme Rum-Flüssigkeit dazugeben und unterrühren. Eimasse unter den Teig ziehen. In die Backform füllen, glatt streichen und ca. 1 Stunde auf der untersten Schiene im Ofen backen.

6. Dann den Kuchen herausnehmen und vollständig auskühlen lassen. Vor dem Verzehr in Frischhaltefolie wickeln oder in ein luftdichtes Behältnis geben und gut durchziehen lassen, damit sich alle Aromen optimal entwickeln können.

Expecto Patronum!

✦ ✦ ✦

Dementoren gehören zu den übelsten magischen Kreaturen, die es gibt — nicht zuletzt deshalb setzt sie das britische Zaubereiministerium seit Jahrhunderten als Wächter des Zauberergefängnisses Askaban ein. Die einzige Möglichkeit, Dementoren zu trotzen, ist der »Expecto Patronum«-Zauber, der jedoch nur funktioniert, wenn derjenige, der ihn wirkt, dabei an eine mächtige »gute Erinnerung« aus seinem Leben denkt. Bloß gut, dass es dieses Rezept gibt, denn der Genuss dieses köstlichen Kuchens verschafft einem genügend Glücksgefühle und positive Erinnerungen, um selbst eine ganze Horde Dementoren in die Flucht zu schlagen!

Ergibt: ca. 16 Stücke

Zutaten

Für den Teig
125 g kalte Butter, in kleinen Würfeln
175 g Mehl
1 Prise Salz
50 g Zucker

Für die Karamellschicht
400 ml Kondensmilch
50 g Butter
50 g Rohrzucker

Für die Schokoschicht
200 g Zartbitterkuvertüre
100 g Vollmilchkuvertüre
100 g Sahne
gehackte Pistazien

1. Den Backofen auf 180 °C Ober-/Unterhitze vorheizen. Eine quadratische Backform (ca. 24 x 24 cm) mit Backpapier auslegen.

2. Die kalte Butter mit Mehl, Salz und Zucker rasch zu einem Mürbeteig verkneten. Ausrollen und in der Backform verteilen. Mehrmals mit einer Gabel einstechen und ca. 20 Minuten im vorgeheizten Ofen backen. Dann herausnehmen und in der Form auskühlen lassen.

3. Die Kondensmilch mit der Butter und dem Rohrzucker in einem Topf bei mittlerer Hitze unter ständigem Rühren erhitzen. Kurz zum Aufkochen bringen, dann köcheln lassen, bis die Mischung merklich eingedickt und goldbraun ist.

4. Die Karamellcreme unverzüglich auf den Teig in der Backform geben. Gleichmäßig verstreichen und vollständig abkühlen lassen.

5. Die gesamte Kuvertüre zerkleinern und mit der Sahne behutsam über einem warmen Wasserbad erhitzen, bis die Schokolade vollständig geschmolzen und flüssig ist.

6. Die Schokoladen-Sahne-Mischung gut miteinander verrühren und gleichmäßig über die Karamellschicht geben. Zum Schluss die gehackten Pistazien darüberstreuen und das Ganze ca. 1 Stunde fest werden lassen. Anschließend in kleine Vierecke schneiden.

Schokotorte nach Hogwarts-Art

★ ★ ★

Schokolade wird im Potter-Versum nicht allein wegen ihres Wohlgeschmacks geschätzt, sondern ebenso aufgrund ihrer kräftigenden und heilenden Eigenschaften. Vermutlich verabreicht Madam Pompfrey, die Krankenschwester, deshalb Schokolade als Medizin nach Dementoren-Angriffen, auch wenn die pflastersteingroßen Schokoriegel, die sie an ihre Patienten verteilt, garantiert um einiges schwerer zu verspeisen sind als diese köstliche Schokotorte nach Hogwarts-Art.

Ergibt: 12 Stücke

Zutaten

375 g gesalzene Butter, zzgl.
etwas mehr zum Einfetten

150 ml Milch

240 g Mehl, zzgl. etwas mehr
für die Backformen

1 ½ EL Backnatron

130 g Kakaopulver

315 g Zucker

Fleur de Sel

2 Eier

200 g saure Sahne

125 ml heißer Kaffee

250 g Mascarpone

160 g Puderzucker

150 g Schmand

1 Prise Salz

180 g Zartbitterschokolade,
fein gehackt

Außerdem
2 Backformen (à 20 cm)

DEN TORTENBODEN ZUBEREITEN:

1. Den Backofen auf 175 °C vorheizen. Zwei Backformen (à 20 cm Durchmesser) mit Butter einfetten und mit etwas Mehl bestäuben.

2. 200 g Butter in einem kleinen Topf unter Rühren schmelzen und 125 ml Milch unterrühren. Vom Herd nehmen und zum Abkühlen beiseitestellen.

3. In einer großen Schüssel Mehl, Backnatron und 70 g Kakaopulver mischen. Zucker und ¼ EL Fleur de Sel zufügen.

4. Die Butter-Milch-Mischung, die Eier und 150 g saure Sahne zu den trockenen Zutaten geben und alles mit den Schneebesen des Handrührgeräts cremig aufschlagen.

5. Den heißen Kaffee dazugießen und weiterrühren. Keine Sorge, wenn der Teig zum aktuellen Zeitpunkt sehr flüssig ist: Das muss so sein.

6. Den Teig gleichmäßig auf die beiden vorbereiteten Backformen verteilen und auf der untersten Schiene 22–26 Minuten im vorgeheizten Ofen backen. Die Tortenböden sind fertig, wenn ein Zahnstocher, den man in die Mitte pikst, sauber wieder herauskommt.

7. Die Tortenböden aus dem Ofen nehmen, 10 Minuten in den Formen abkühlen lassen, dann vorsichtig auf ein Kuchengitter stürzen und vollständig abkühlen lassen. Dann mit einem Kuchenmesser jeweils mittig waagerecht halbieren, sodass 4 Tortenböden entstehen.

→

DIE FÜLLUNG ZUBEREITEN:

1. Mascarpone und 2 EL Puderzucker zu einer geschmeidigen Creme aufschlagen.

2. Schmand und Salz hinzufügen und weiterschlagen, bis die Mischung dickflüssiger wird.

3. Von der gehackten Zartbitterschokolade 80 g abnehmen und unterrühren.

DAS FROSTING ZUBEREITEN:

1. Über einem warmen Wasserbad in einer Schüssel die restliche Schokolade schmelzen, bis sie komplett flüssig ist. Zum Abkühlen beiseitestellen.

2. Die restliche Butter (175 g), den übrigen Puderzucker und 60 g Kakaopulver etwa 2 Minuten schlagen, bis eine cremige Masse entsteht

3. Die abgekühlte, geschmolzene Schokolade dazugeben und weiterschlagen, bis alles glatt und geschmeidig ist.

4. Nun 2–3 EL Milch und 50 g saure Sahne zufügen. Weiterschlagen, bis alles gut vermischt ist. Sollte das Frosting zu dünnflüssig sein, die Schüssel für ein paar Minuten in den Kühlschrank stellen.

ALLES ZUSAMMENFÜGEN:

1. Den ersten Tortenboden auf eine Tortenplatte legen. Gleichmäßig eine Schicht der Mascarpone-Füllung darauf verstreichen. Dies mit der restlichen Füllung und den übrigen Tortenböden im Wechsel wiederholen.

2. Schließlich mit einem Spatel das Schokofrosting gleichmäßig auf der Oberseite und an den Seiten der Torte verstreichen.

3. Falls danach noch Frosting übrig ist, mit dem Spritzbeutel in nicht zu regelmäßigen Wellenformen oben auf die Torte geben. Zum Schluss mit etwas Fleur de Sel und Kakaopulver dekorieren.

Zitronentarte à la Fleur Delacour

* * *

Auf Bill Weasleys und Fleur Delacours Hochzeit kredenzt Mrs. Weasley zu Ehren ihrer Schwiegertochter eine Zitronentarte, die mindestens ebenso liebreizend und zauberhaft ist wie Fleur Delacour selbst.

Ergibt: 14 Stücke

Zutaten

Für den Teig

60 g kalte Butter zzgl. etwas mehr zum Einfetten der Backform

100 g Mehl zzgl. etwas mehr zum Bestäuben der Backform

1 Prise Salz

30 g Puderzucker

1 Eigelb

1 TL Vanilleextrakt

ca. 500 g getrocknete Erbsen oder andere Hülsenfrüchte zum Blindbacken

Für die Füllung

1 Bio-Zitrone

1–2 kleine Zitronen

100 g Zucker

90 g Butter

2 Eier

15 g Speisestärke

Für das Baiser

2 Eiweiß

1 Prise Salz

100 g Zucker

DEN TEIG ZUBEREITEN:

1. Den Backofen auf 180 °C vorheizen.

2. Das Mehl, das Salz und den Puderzucker in einer Schüssel miteinander vermischen. Die Butter, das Eigelb und den Vanilleextrakt dazugeben.

3. Alles sehr zügig mit den Händen zuerst zu groben Bröseln verarbeiten, dann zu einem glatten Teig verkneten. Den Teig etwas flach drücken, in Frischhaltefolie wickeln und für mindestens 1 Stunde kalt stellen.

4. Eine Backform mit herausnehmbarem Boden (rechteckig 35 x 11 cm; alternativ rund mit 24 cm Durchmesser) mit Butter einfetten und leicht mit Mehl bestäuben. Ein Stück Backpapier in der Form der Backform, jedoch etwas größer als diese, zuschneiden.

5. Den Teig auf der leicht bemehlten Arbeitsfläche mit dem Rollholz dünn ausrollen. Dann vorsichtig mit dem Rollholz aufrollen und über der Tarteform wieder abrollen. Den Teig nun vorsichtig in die Form drücken, gegen die Seiten pressen und dabei einen Rand hochziehen. Mehrmals mit einer Gabel einstechen. Alle überstehenden Teigstücke wegschneiden.

6. Das zugeschnittene Backpapier einmal mit den Händen zerknüllen, dann wieder glatt streichen und auf den Teig in der Form legen. Nun die getrockneten Hülsenfrüchte oder (falls vorhanden) Backgewichte zum Beschweren auf das Backpapier in die Form geben.

7. Den Teig im vorgeheizten Ofen auf der untersten Schiene ca. 20 Minuten backen. Die Form aus dem Backofen nehmen. Die Hülsenfrüchte bzw. Gewichte und das Back- →

papier entfernen und den Boden in der Form auf einem Kuchengitter vollständig auskühlen lassen. Derweil die Zitronenfüllung zubereiten.

DIE ZITRONENFÜLLUNG ZUBEREITEN:

1. Die Bio-Zitrone gründlich abwaschen, abtrocknen und mit einem Sparschäler so dünn wie möglich die Schale abziehen. Dann alle Zitronen halbieren, auspressen und 125 ml Zitronensaft abmessen.

2. Den Zitronensaft mit dem Zucker, der Butter und der Zitronenschale bei niedriger Temperatur in einem kleinen Topf erhitzen. Beiseitestellen und ca. 30 Minuten abkühlen lassen. Währenddessen die Eier in einer Schüssel miteinander verquirlen.

3. Die Zitronenschale aus dem abgekühlten Zitronensaft entfernen. Den Saft erneut behutsam unter regelmäßigem Umrühren erhitzen. 3 EL davon abnehmen, mit der Speisestärke in ein kleines Schälchen geben, gründlich miteinander vermischen und das Gemisch dann dem restlichen heißen Zitronensaft hinzufügen. Alles gut miteinander verrühren.

4. Nun den heißen Zitronensaft unter ständigem, kräftigem Rühren auf die verquirlten Eier geben (das Rühren verhindert, dass das Ei gerinnt). Das Ganze anschließend wieder in den Kochtopf geben und bei schwacher Hitze und unter ständigem Umrühren so lange köcheln lassen, bis eine dickflüssige Creme entsteht.

5. Die Zitronencreme gleichmäßig auf den Teigboden streichen.

DAS BAISER ZUBEREITEN:

1. Die Eiweiße und Salz in einer trockenen, fettfreien Schüssel mit den Schneebesen eines Handrührgerätes zu Eischnee aufschlagen.

2. Nun unter ständigem Schlagen nach und nach den Zucker in die Masse rieseln lassen und gründlich einarbeiten. Die Baiser-Masse so lange weiterschlagen, bis sich der Zucker vollständig aufgelöst hat und eine feste, glänzende Creme entstanden ist, die steife Spitzen bildet.

3. Die Baiser-Masse in einen Spritzbeutel füllen und auf die Zitronentarte spritzen. Die Tarte dann ins obere Drittel des Ofens geben und bei eingeschalteter Grillfunktion ca. 5 Minuten bzw. so lange backen, bis die Baiserhaube eine goldbraune Färbung bekommt. (Alternativ kann man hierfür, falls vorhanden, auch einen Flambierbrenner verwenden.)

4. Die Tarte aus dem Ofen nehmen, abkühlen lassen und servieren. Übrigens: Die Tarte kann problemlos einen Tag vorher zubereitet werden. Tatsächlich schmeckt sie sogar noch besser, wenn sie länger durchziehen durfte!

Animagus

✦ ✦ ✦

In der Welt von Harry Potter ist ein Animagus eine magische Person, die imstande ist, sich willentlich und ohne Zauberstab in ein Tier zu verwandeln. Ein Animagus zu werden ist ein äußerst aufwendiger, zeitintensiver Prozess, für den hervorragende Fähigkeiten sowie Zaubertränke unabdingbar sind. Da verwundert es kaum, dass hochoffiziellen Schätzungen zufolge höchstens einer von tausend Zauberkundigen ein Animagus wird. Tatsächlich haben sich in den letzten hundert Jahren lediglich sieben Personen, wie gesetzlich vorgeschrieben, beim Zaubereiministerium als Animagi registrieren lassen, darunter u. a. Professor McConagall, die imstande sind, sich in eine getigerte Katze zu verwandeln. Allerdings dürfte die »Dunkelziffer« der nicht-registrierten Gestaltwandler um einiges höher liegen, da z. B. James Potter (Hirsch), Peter Pettigrew (Ratte) oder die Reporterin Rita Kimmkorn (Käfer) ebenso wenig amtlich als Animagi erfasst wurden, wie Harrys Patenonkel Sirius Black, der sich in einen großen, schwarzen Hund transformieren kann und Harry und seinen Freunden in dieser Gestalt mehr als einmal das Leben rettet. Dementsprechend sei ihm diese leckere Süßspeise gewidmet, unter Muggeln gemeinhin bekannt als Lukullus, Kalte Schnauze, Kellerkuchen oder ... Schwarzer Hund.

Ergibt: ca. 18 Scheiben

Zutaten

250 g Zartbitterkuvertüre,
  grob gehackt
100 g Vollmilchkuvertüre,
  grob gehackt
150 g Kokosfett, klein gewürfelt
150 g Backnougat hell, fein
  gewürfelt
200 g Schlagsahne
ca. 250 g Butterkekse
Raspelschokolade, nach Belieben

1. Eine Kastenbackform mit Frischhaltefolie auslegen.

2. Die Kuvertüren mit Kokosfett, Nougat und Sahne bei niedriger Temperatur unter ständigem Rühren über einem warmen Wasserbad schmelzen. Alles gründlich vermischen und auf Zimmertemperatur abkühlen lassen.

3. Eine dünne, gleichmäßige Schicht der Schokoladenmasse in die Kastenform gießen. Darauf eine Schicht Butterkekse legen und so viel Schokocreme darauf verteilen, bis die Kekse vollständig mit einer dünnen Schicht bedeckt sind. Auf dieselbe Weise fortfahren und abwechselnd Kekse und Schokoladencreme in die Kastenform schichten.

4. Die gefüllte Form schließlich für mindestens 6 Stunden (noch besser über Nacht), in den Kühlschrank stellen, damit die Creme fest wird.

5. Den Kuchen auf eine Servierplatte stürzen, vorsichtig aus der Form lösen und die Folie abziehen. Mit der geraspelten Schokolade verzieren. In nicht zu dicke Scheiben schneiden. Übrigen Kuchen abgedeckt im Kühlschrank aufbewahren (er hält sich ca. 4–5 Tage).

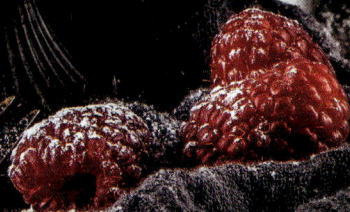

Pancakes

✦ ✦ ✦

Preisfrage: Was haben Pancakes und Du-weißt-schon-wer gemeinsam? Antwort: Man kennt sie unter vielen Namen! Doch ganz gleich, ob man sie nun Pfannkuchen, Eierkuchen, Palatschinken, Flädle oder Plinsen nennt, diese köstliche Mehlspeise zählt seit Jahrhunderten zu den beliebtesten Süßspeisen weltweit, und auch in der Großen Halle von Hogwarts dürfen Pancakes bei keinem Frühstück fehlen. Die Zubereitung ist dabei selbst für Muggel so einfach, dass es beinahe schon an Zauberei grenzt: Man nehme Milch, Mehl, Eier, etwas Zucker und ggf. eine Prise Salz, verquirle alles, gebe es in eine Pfanne, brate es bei geringer Hitze von beiden Seiten an, und — Abrakadabra! Simsalabim! — schon ist der Pancake fertig. Diese Grundvariante lässt sich nach Belieben dem eigenen Geschmack anpassen und kann sowohl für süße als auch für deftige Eierkuchen (z. B. mit gebratenem Speck oder Salami) herhalten. Dementsprechend versteht sich dieses Rezept lediglich als Ausgangspunkt für eigene spannende kulinarische Zaubereien. Denn die Möglichkeiten zum Verfeinern und Variieren von Pancakes sind fast ebenso grenzenlos wie die eigene Fantasie!

Ergibt: 8–10 Stück

Zutaten

4 Eier

4 EL Zucker

400 ml Milch

2 Prisen Salz

400 g Mehl

2 TL Backpulver

2 EL Vanillezucker

Öl (zum Anbraten)

1. Die Eier mit dem Zucker in einer Schüssel cremig schlagen. Die Milch unterrühren. Dann das Salz, das Mehl, das Backpulver und den Vanillezucker dazugeben und durcharbeiten, bis ein glatter, flüssiger Teig entsteht. 15 Minuten ruhen lassen.

2. Eine beschichtete Bratpfanne mit Öl auspinseln und auf mittlerer Stufe erhitzen. Mit einer Schöpfkelle einen Klecks Teig hineingeben und ausbacken. Sobald sich an der Oberfläche kleine Bläschen bilden, den Pancake mit einem Pfannenheber wenden und auch von der anderen Seite goldbraun backen.

3. Da diese Pancakes kleiner sind als klassische Eierkuchen, kann man in einer entsprechend großen Pfanne auch 2–3 Stück gleichzeitig zubereiten.

4. Fertig gebackene Pancakes aus der Pfanne auf einen flachen Teller gleiten lassen und warm halten. Wenn alle Pancakes fertig sind, sofort servieren. Dazu passen gut frische Schlagsahne, Puderzucker, Ahornsirup, Schokocreme oder Früchte der Saison.

Achtung: Für herzhafte Pancakes den Zucker und den Vanillezucker weglassen.

Zauberschachtorte

* ★ *

Ron und Harry spielen regelmäßig Zauberschach, und Ron ist ein besonders hervorragender Schachspieler. Das kommt Harry und Co. sehr zugute, als sie in ihrem ersten Jahr in Hogwarts überlebensgroße Schachfiguren überwinden müssen, die den Zugang zum Versteck des legendären Steins der Weisen bewachen. Ohne Rons spielerisches Können und seine Opferbereitschaft wären die Freunde niemals in den Besitz dieses Artefakts gelangt. Dementsprechend ist es nur angemessen, dieses Rezept dem uns allen liebsten Rotschopf Ron zu widmen, der diese köstliche Torte garantiert genauso zu schätzen wüsste wie eine spannende Partie Zauberschach!

Ergibt: 10 Stücke

Zutaten

Für den Orangenteig
225 g weiche Butter
225 g Zucker
4 Eier
1 Prise Salz
225 g Mehl
2 TL Backpulver
40 g gemahlene Mandeln
Abrieb von ½ Bio-Orange
40 ml Orangensaft

Für den Mokkateig
225 g weiche Butter
225 g Zucker
4 Eier
1 Prise Salz
2 EL Milch
1 TL Instantkaffee
225 g Mehl
2 EL Backkakao
2 TL Backpulver
25 g gemahlene Mandeln

DEN TEIG ZUBEREITEN:

1. Den Backofen auf 180 °C vorheizen. 2 kleine Springformen (à 18 cm Durchmesser) mit Backpapier auslegen und einfetten.

2. Für den Orangenteig die Butter, den Zucker, die Eier und das Salz in eine Schüssel geben und mit einem elektrischen Handrührgerät cremig rühren. Das Mehl, das Backpulver und die gemahlenen Mandeln dazugeben und grob einarbeiten. Den Orangenabrieb und -saft unterrühren und alles zu einem geschmeidigen Teig verarbeiten.

3. Den Teig gleichmäßig auf die vorbereiteten Backformen verteilen und ca. 30 Minuten im vorgeheizten Ofen backen. Den Kuchen anschließend aus dem Backofen nehmen, einige Minuten in der Form abkühlen lassen und dann behutsam auf ein Kuchengitter geben, um vollends auszukühlen.

4. Den Backofen nicht abschalten. Stattdessen die beiden Backformen mit frischem Backpapier versehen und erneut gründlich einfetten für den Mokkateig.

5. Für den Mokkateig die weiche Butter, den Zucker, die Eier und das Salz in eine Schüssel geben, gründlich miteinander vermengen und cremig rühren. Die Milch hinzufügen.

→

→

Für die Schokoladencreme

175 g dunkle Kuvertüre
(70% Kakaogehalt)
100 g Butter
100 g Schlagsahne

Außerdem

2 runde Springformen
(ca. 18 cm Durchmesser)
Schablone (12 cm Durchmesser)
Schablone (6 cm Durchmesser)

6. Das Instantkaffeepulver in einer separaten Schüssel mit 2 EL heißem Wasser verrühren, beiseitestellen und etwas abkühlen lassen. Das Mehl, den Kakao und das Backpulver zum Teig sieben. Die Mandeln dazugeben und alles mit dem Handrührgerät gründlich verrühren. Zuletzt den Kaffee unterrühren.

7. Den Teig wie zuvor gleichmäßig in die vorbereiteten Backformen füllen und im vorgeheizten Ofen ca. 30 Minuten backen bzw. so lange, bis ein Zahnstocher, den man in die Mitte der Teigboden pikst, sauber wieder herauskommt. Aus dem Backofen nehmen und abkühlen lassen.

8. Alle abgekühlten Teigböden für 20 Minuten ins Gefrierfach legen, damit sie etwas fester werden und sich leichter schneiden lassen, ohne zu brechen.

DIE SCHOKOCREME ZUBEREITEN:

Die Schokolade und die Butter über einem Wasserbad unter beständigem Rühren schmelzen. Etwas abkühlen lassen und die Sahne unterrühren. Die Schokoladencreme anschließend ca. 45 Minuten im Kühlschrank fester werden lassen, dabei gelegentlich umrühren.

ALLES ZUSAMMENFÜGEN:

1. Die Teigböden auf die Arbeitsfläche legen und die Oberseiten bei Bedarf mit einem Messer begradigen.

2. Mit einem Zirkel oder einer Untertasse einen Kreis mit einem Durchmesser von 12 cm auf Zeichenkarton oder Pappe zeichnen und ausschneiden. Dasselbe mit einem Kreis von 6 cm Durchmesser wiederholen.

3. Mithilfe der Pappkreise Ringe aus den Teigböden schneiden. Hierzu zunächst den größeren Kreis mittig auf die Böden legen und mit einem scharfen Messer von oben entlang des Kreisverlaufs schneiden. Dasselbe Vorgehen mit dem kleineren Kreis wiederholen, bis Sie schließlich ein Dutzend Kuchenringe haben: vier äußere, vier mittlere und vier innere.

4. Jetzt die verschiedenen Böden wieder zusammensetzen; am »saubersten« geht dies mithilfe eines Tortenrings. Die Ringe werden hierbei farblich abwechselnd so zusammengesetzt, dass der Boden wie eine Zielscheibe aussieht.

5. Mit dem äußeren Ring anfangen und sich nach innen vorarbeiten. Ist der erste Boden fertig, mit einer dünnen Schicht Schokoladencreme bestreichen. Anschließend farblich versetzt die zweite Schicht aufbringen. Jede neue Lage jeweils mit etwas Schokoladencreme bestreichen. Zuletzt die Ränder und die Oberfläche des Kuchens mit der übrigen Creme bestreichen und nach Belieben mit Schokoelementen verzieren. Vor dem Verzehr gut durchkühlen lassen.

MUFFIN-MAGIE

DUMBLEDORES ARMEE

✦ ✦ ✦

In *Harry Potter und der Orden des Phönix* gründet Harry eine Schüler-AG zum Erlernen magischer Verteidigungsmethoden. Diese erweist sich als das Zünglein an der Waage, als die nach zwischenzeitlichen Rückschlägen wiedererstarkte »Armee« in der Schlacht um Hogwarts alle Mitglieder zum letzten Kampf gegen Voldemort und seine Anhänger mobilisiert und am Ende über das Böse triumphiert. Dementsprechend darf auch sie hier nicht fehlen: Dumbledores Armee in Muffin-Form!

Ergibt: 12 Stück

Zutaten

Für den Teig
115 g Zartbitterschokolade
225 g Butter
80 g Rohrzucker
80 g Zucker
150 g Mehl
2–3 EL Backkakao
½ TL Natron
1 EL Backpulver
4 Eier
1 TL Vanilleextrakt
100 g gehackte Walnüsse

Für die Deko
600 g weiße Kuvertüre
300 g Sahne
fettlösliche Lebensmittelfarben
    in Lila, Orange und Grün
250 g schwarzer Fondant
40 g grüner Fondant
10 gelber Fondant

DIE BROWNIES ZUBEREITEN:

1. Den Backofen auf 200 °C Ober-/Unterhitze vorheizen. Ein Muffin-Blech mit 12 Papierförmchen auskleiden.

2. Die Schokolade zuerst grob hacken, dann zusammen mit der Butter in einer Schüssel über einem heißenWasserbad schmelzen, bis alles flüssig ist. Dann beide Zuckersorten darunterheben. Die Schokomasse vom Herd nehmen und auskühlen lassen.

3. In einer Schüssel das Mehl mit dem Kakao, dem Natron und dem Backpulver vermischen und beiseitestellen.

4. Die Eier gründlich mit der abgekühlten Schokomischung verquirlen, den Vanilleextrakt dazugeben und alles in die Mehlmixtur geben.

5. Alles kurz und kräftig auf höchster Stufe zu einem Teig verrühren. Nicht zu lange rühren, sonst wird der Teig zäh.

6. Nun die gehackten Walnüsse unterheben. Den Teig in die vorbereiteten Muffinförmchen füllen und ca. 20–25 Minuten im vorgeheizten Ofen backen. Da es sich hierbei um Brownies handelt, sollten sie im Innern etwas »feuchter« (sprich: saftiger) bleiben als Muffins. Nach dem Backen aus dem Ofen nehmen und in der Form vollständig auskühlen lassen.

→

DAS SAHNETOPPING ZUBEREITEN:

1. Die Kuvertüre klein hacken, in eine größere Schüssel füllen und beiseitestellen.

2. In einem kleinen Topf unter regelmäßigem Rühren bei mittlerer Temperatur die Sahne aufkochen. Die heiße Sahne dann in die Schüssel mit der gehackten Kuvertüre geben.

3. Währenddessen rühren, bis die Schokolade flüssig ist und sich Sahne und Kuvertüre miteinander zu einer glänzenden Creme verbunden haben. Vom Herd nehmen, etwas abkühlen lassen und für mindestens 2 Stunden in den Kühlschrank stellen.

4. Die abgekühlte Creme mit einem Handrührgerät steif schlagen und zu gleichen Teilen auf drei kleine Schüsseln verteilen. Jeweils mit einer der 3 Lebensmittelfarben verrühren. Die steif geschlagene bunte Schokocreme nun nacheinander in einen Spritzbeutel mit offener Sterntülle oder in Gefrierbeutel geben, bei denen eine Spitze fein abgeschnitten ist. Die bunte Schokolade nach Belieben auf den Muffins aufbringen.

DIE DEKORATION AUFTRAGEN:

1. Die Fondantdekoration am besten schon am Vortag vorbereiten, damit alles fest ist und Zimmertemperatur besitzt, wenn das Fondant gebraucht wird. Das Fondant hierzu zunächst weich kneten, dann einen Teil davon ausrollen. Dies geht am besten mit einem aufgeschnittenen Gefrierbeutel, und zwar, indem man die Masse auf die Folie legt und sie mit der anderen Seite zudeckt. Dann mit dem Nudelholz so lange rollen, bis das Fondant ca. 2–3 mm dünn ist. Aus der Fondantmasse nun mit einem Keksausstecher 12 gleich große Kreise ausstechen.

2. Aus dem Rest des Fondants mit den Händen eine »Wurst« rollen und in 12 gleich große Teile teilen. Aus jedem Stück den Zipfel eines Zauberhuts formen (siehe Bild). Die untere Seite glätten und mit etwas Wasser zum Fixieren mittig auf den Kreis setzen. Ein paar Minuten fest werden lassen.

Baby-Alraune

✦ ✦ ✦

Die Alraune ist in der Welt von Harry Potter eine mächtige Zaubertrankpflanze, die vor allem gegen böse Magie wirkt. Allerdings ist die Zucht ausgesprochen knifflig, da Alraunenwurzeln anfangs anstrengender als zickige Babys sind. Auch bei ihrer Pflege ist größte Vorsicht geboten, da jeder, der Alraunen schreien hört, unweigerlich schwerste Lähmungserscheinungen oder sogar den Tod erleidet. *Diese* Alraunen hingegen sind herzallerliebst und kommen ganz ohne Gefahr für Leib und Leben daher!

Ergibt: ca. 10 Stück

Zutaten

Für die Muffins
10 kleine Tontöpfchen
150 g Zartbitterschokolade
300 g Mehl
80 g Backkakao
1 TL Backpulver
1 TL Natron
1 Prise Salz
100 g weiche Butter
220 g Zucker
1 TL Vanilleextrakt
2 Eier
250 ml Buttermilch
3 Papiermuffinförmchen oder
   Auflaufförmchen

Für die Alraunen
400 g Marzipanrohmasse
etwas Backkakao, zum Bestäuben
20 essbare Blätter (z. B. Basilikum,
   Pfefferminz)

→

DIE MUFFINS ZUBEREITEN:

1. Die Tontöpfchen ca. 1 Stunde in Wasser einweichen. Danach passend große Kreise aus Backpapier ausschneiden und unten in die Töpfe legen, damit kein Teig ausläuft. Hierfür 12-mal einen Topf auf Backpapier stellen, mit einem Filzstift ummalen und den so entstandenen Kreis ausschneiden.

2. Den Backofen auf 200 °C Grad vorheizen. Die Zartbitterschokolade grob hacken und beiseitestellen.

3. Das Mehl, den Kakao, das Backpulver, das Natron und das Salz in einer kleinen Schüssel miteinander vermischen.

4. In einer separaten, größeren Schüssel die Butter, den Zucker und den Vanilleextrakt mit dem Handrührgerät aufschlagen. Nacheinander die Eier dazugeben und alles weiter schaumig schlagen. Buttermilch gründlich unterrühren.

5. Nun die trockenen Zutaten aus der kleineren Schüssel unter die Buttermischung heben. Hierfür am besten einen Rührlöffel verwenden und nicht zu gründlich und zu lange rühren, da die Muffins sonst schnell zu hart werden. Evtl. übrige kleinere Mehlklümpchen lösen sich beim Backen ohnehin auf.

6. Genügend Teig für drei Muffins abnehmen und in einfache Muffinförmchen geben – daraus wird am Ende die »Erde«, in der die Baby-Alraunen »wachsen«.

→

Für das Schokofrosting
150 g Frischkäse
15 g Puderzucker
1 gehäufter EL Backkakao

7. Die gehackte Schokolade unter den restlichen Teig heben und in die vorbereiteten Tontöpfe füllen. Die Tontöpfe und die Muffinförmchen für ca. 25 Minuten in den Ofen geben bzw. so lange, bis an einem Zahnstocher, den man in die Mitte der Muffins pikst, beim Herausziehen nichts mehr kleben bleibt.

8. Die Muffins nach dem Backen komplett abkühlen lassen. Anschließend aus den Förmchen nehmen und in einer kleinen Schüssel zerkrümeln, um die »Erde« für die Alraunen-Töpfe herzustellen.

DIE BABY-ALRAUNEN ZUBEREITEN:

1. Das Marzipan in 10 gleich große Stücke aufteilen und aus den einzelnen Stücken grobe Alraunenwurzeln formen. Die Unterseite dabei ein wenig abflachen.

2. Mit Zahnstocher, Messer und Löffel der Alraune nun ein wenig »Charakter« verleihen. Hierzu mit dem Messer kleine Rillen quer einritzen. Mit dem Holzstäbchen die Augen eindrücken und mit dem Löffel den Mund herausarbeiten. Damit das Ganze möglichst »lebendig« wirkt, am Ende mit einem Pinsel mit Kakao abpudern.

3. Anschließend mit dem Zahnstocher ein Loch in jeden »Alraunenkopf« piksen, in das man später die essbaren Blätter stecken kann. In den Kühlschrank stellen.

DAS FROSTING ZUBEREITEN:

Den Frischkäse, den Puderzucker und einen gehäuften Esslöffel Backkakao in einer kleinen Schüssel miteinander glatt rühren.

ALLES ZUSAMMENFÜGEN:

1. Die Oberseite der Muffins in den Tontöpfen großzügig mit dem Frosting bestreichen, die Alraunen darauf platzieren und ringsum mit zerbröselter »Kuchenerde« dekorieren.

2. Sollten die Alraunen nicht von allein in Position bleiben, in der Mitte des Muffins vorsichtig etwas Teig entfernen und die Baby-Alraune in das Loch setzen.

3. Die Blätter in die zuvor in die Alraunenköpfe gepiksten Löcher stecken. Fertig!

Hedwig und Co.

✦ ✦ ✦

Im Potter-Versum wird die Post nicht von Postboten gebracht wie bei uns Muggeln, sondern von Posteulen oder -käuzchen. Harrys Posteule ist die treue Schneeeule Hedwig, die er zu seinem 11. Geburtstag (dem Tag, an dem Harry in die Magische Welt eintritt) von Rubeus Hagrid geschenkt bekommt — das erste Geburtstageschenk, an das sich »der Junge unter der Treppe« überhaupt erinnern kann.

Ergibt: 12 Stück

Zutaten

Für den Teig
30 g weiche Butter
120 g Erdnussbutter
1 Päckchen Vanillezucker
130 g Rohrzucker
1 Prise Salz
2 Eier
1 TL Backpulver
130 g Mehl
70 ml Milch

Für die Creme
130 g weiche Butter
130 g Puderzucker
130 g Frischkäse, zimmerwarm

Für die Dekoration
24 Schokoladenkekse mit
  Vanillefüllung
24 schwarze Schokolinsen
12 orangefarbene Schokolinsen

Außerdem
1 Muffinblech, 12 Papierförmchen

1. Den Backofen auf 180 °C Ober-/Unterhitze vorheizen. Ein 12er-Muffinblech mit Papierförmchen bestücken.

2. Butter mit Erdnussbutter, Vanillezucker, Salz und Zucker schaumig schlagen. Die Eier einzeln unterrühren, das Salz hinzufügen und alles gründlich miteinander vermischen.

3. Backpulver und Mehl vermischen; abwechselnd mit der Milch unter Rühren zum Teig geben. Den Teig gleichmäßig auf die vorbereiteten Muffinförmchen verteilen und auf mittlerer Schiene ca. 20 Minuten im vorgeheizten Ofen backen. Anschließend auf einem Kuchengitter in der Form vollständig auskühlen lassen.

4. Derweil für die Creme Butter und Puderzucker hellschaumig schlagen. Den Frischkäse unterrühren und alles 30 Minuten in den Kühlschrank stellen.

5. Die Cupcakes mit den Papierförmchen aus dem Blech nehmen. Die abgekühlte Creme in einen Spritzbeutel geben und gleichmäßig auf die Cupcakes aufspritzen.

6. Die Kekse mit einer Drehbewegung vorsichtig auseinandernehmen, sodass die Füllung auf einer Hälfte bleibt. Die andere Hälfte mit einem scharfen Messer mittig durchschneiden. Die ganzen Kekshälften mit der Füllung nach oben als Augen auf die Creme drücken.

7. Je 1 schwarze Schokolinse als »Auge« in die Creme drücken. Die halben Kekse als »Augenbrauen« in die Creme drücken. Als Schnabel eine orangefarbene Schokolinse schräg in die Creme drücken. Vor dem Servieren alles einige Minuten fest werden lassen.

KRASSE KEKSE

Felsenkekse

★ ★ ★

Rubeus Hagrid, der riesenhafte Wildhüter von Hogwarts, zeichnet sich — mal abgesehen von seiner stattlichen Größe — vor allem durch drei Dinge aus: durch seinen Mut, seine unerschütterliche Loyalität zu Harry Potter sowie dadurch, dass er ein unglaublich schlechter Koch ist. Was ihm allerdings nie jemand auf die Knubbelnase binden würde, denn so etwas tun beste Freunde nun mal nicht. Stattdessen ignorieren sie einfach, wenn sie im Rinderragout eine Kralle entdecken, und kosten tapfer alles, was Hagrid ihnen auftischt, darunter auch seine legendären Felsenkekse, die so hart sind, dass man sich daran im wahrsten Sinne die Zähne ausbeißt. Die Zubereitung dieses Rezepts hingegen ist selbst für ungeübte Bäcker magisch leicht, und man muss sich anschließend keinen Termin bei Madam Pomfrey im Krankenflügel holen — oder beim Zahnarzt um die Ecke.

Ergibt: ca. 12 Stück

Zutaten

225 g Mehl

1 Päckchen Backpulver

110 g sehr kalte Butter

110 g Zucker

1 gestrichener TL Zimt

1 Prise Muskatnuss

1 Prise Salz

1 Ei

1–2 EL Milch

110 g Sultaninen

1. Den Backofen auf 180 °C vorheizen. Ein Backblech mit Backpapier auslegen

2. Gesiebtes Mehl in einer Schüssel mit Backpulver mischen.

3. Die Butter in kleine Stücke schneiden und in das Mehl einkneten, bis die Masse geschmeidig aussieht. Den Zucker und die Gewürze dazugeben und grob einarbeiten.

4. Das Ei verquirlen und, falls nötig, mit etwas Milch der Teigmischung zufügen. Alles mit einem Teigschaber verrühren, bis der Teig von der Konsistenz her an grobes Paniermehl erinnert. Zum Schluss die Sultaninen einarbeiten.

5. Den Teig mit einem Esslöffel »häufchenweise« so auf dem Backblech verteilen, dass jede Teigportion ungefähr tischtennisballgroß ist. Dabei darauf achten, genügend Abstand zwischen den Teigportionen zu lassen, da die Kekse beim Backen etwas zerlaufen und zudem auch noch ein bisschen aufgehen.

6. Die Kekse im vorgeheizten Backofen 17–20 Minuten backen, bis sie goldbraun sind. Aus dem Ofen nehmen und auf einem Kuchengitter abkühlen lassen.

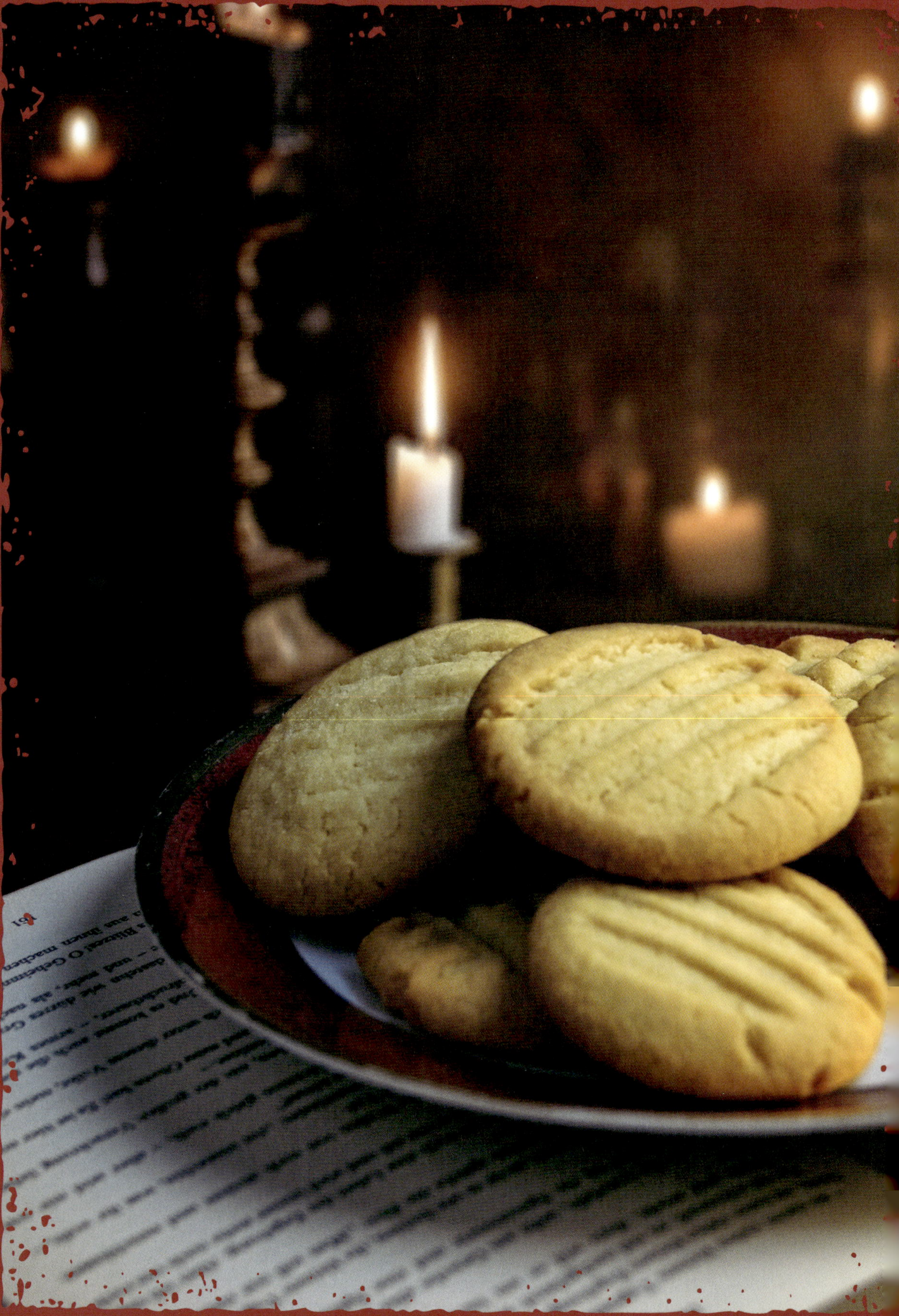

Ingwerkekse

✦ ★ ✦

Auf der Liste der »meistgehassten Lehrer« von Hogwarts gibt es wohl nur eine Person, die das Zeug hat, Severus Snape vom 1. Platz zu verdrängen: die gemeingefährliche Dolores Jane Umbridge mit ihren rosa Kleidern, ihren Katzen-Ziertellern und ihrer unerschütterlichen (verblendeten) Loyalität gegenüber dem von Paranoia zerfressenen Zauberei-Minister Bartemius Crouch, der aus Angst um seinen Posten alles tut, um den Gerüchten zu trotzen, Du-weißt-schon-wer sei zurückgekehrt. Doch als Harry und Professor Umbridge hierüber in Streit geraten und Umbridge ihn wutentbrannt zu Professor McGonagall schickt, erwartet Harry dort statt tadelnder Worte und einer »angemessenen« Bestrafung eine Dose mit Ingwerkeksen, aus der er sich bedienen darf. Gewiss, im ersten Moment mag die Kombination Ingwer und Kekse vielleicht nicht sonderlich lecker erscheinen, da die meisten bei Ingwer wohl eher an eine Sushibeilage als an Backwaren denken. Allerdings ist McGonagall nicht die Einzige, die Ingwer mag. Hermine z. B. bestellt in *Harry Potter und der Halbblutprinz* im *Drei Besen* sogar ihr Butterbier mit etwas Ingwer. An dem Zeug scheint also irgendetwas dran zu sein, das Muggeln im ersten Moment entgeht — jedenfalls, bis sie diese köstlichen Kekse gekostet haben.

Ergibt: ca. 25 Stück

Zutaten

220 g weiche Butter
140 g Rohrzucker
1 TL Ingwer, frisch gerieben
350 g Mehl
½ Päckchen Backpulver
50 g kandierter Ingwer,
    fein gehackt

1. Den Backofen auf 200 °C Ober-/Unterhitze vorheizen. Ein Backblech mit Backpapier auslegen.

2. Die weiche Butter mit dem Rohrzucker in einer Rührschüssel cremig schlagen. Den Ingwer unterrühren.

3. In einer separaten Schüssel das Mehl mit dem Backpulver vermischen und in die Butter-Zucker-Mischung sieben.

4. Alles gründlich miteinander verrühren. Den kandierten Ingwer dazugeben und alles mit den Händen zu einem geschmeidigen Teig verarbeiten.

5. Aus dem Teig ca. 25 walnussgroße Kugeln formen. Auf das vorbereitete Backblech legen und mit einer angefeuchteten Gabel oder den Händen zu einer Dicke von ca. 1 cm flach drücken.

6. Die Ingwerkekse 12–15 Minuten im vorgeheizten Backofen zart goldbraun backen. Anschließend herausnehmen und auf einem Kuchengitter vollständig abkühlen lassen.

Acromantula-Kekse

★ ★ ★

Die *Acromantula* Aragog ist die wohl bekannteste Spinne des Potter-Versums und wird in Newt Scamanders Standardwerk prominent erwähnt. Nachdem der spätere Hogwarts-Wildhüter Hagrid Aragog ihn großzog, lebte Aragog mit seiner zahlreichen Nachkommenschaft im Verbotenen Wald. Doch während viele andere Spinnentiere in der Magischen Welt eher unangenehme Zeitgenossen sind, tat Aragog aus Hochachtung vor Hagrid niemals einer Menschenseele etwas zuleide — was Rons Furcht vor der Riesenspinne allerdings kaum Abbruch tat. *Diese* köstlichen Spinnen indes würde zweifellos selbst der Arachnophobiker Ron mögen!

Ergibt: 24 Stück

Zutaten

Für den Keksteig
100 g weißer Zucker
1 Päckchen Vanillezucker
115 g weiche Butter
160 g Erdnussbutter
1 Ei
40 g Rohrzucker
200 g Mehl
1 TL Backpulver
1 Prise Salz

Für die Dekoration
100 g Zartbitterschokolade
24 Schokokugeln
ca. 48 Dekor-Zuckeraugen

1. Den Backofen auf 180 °C vorheizen. Ein Backblech mit Backpapier auslegen.

2. Den Zucker, den Vanillezucker und die Butter in einer Schüssel verrühren. Die Erdnussbutter und das Ei zu-fügen und gründlich verrühren. Die restlichen Zutaten dazugeben und kurz zu einem weichen Teig verrühren.

3. Mit einem Esslöffel 24 Teighäufchen mit etwas Abstand auf das vorbereitete Backblech geben und etwas flach drücken. Jeweils eine kleine Mulde in die Mitte drücken. Im vorgeheizten Backofen ca. 15 Minuten backen, bis die Kekse zart goldbraun sind.

4. Das Backblech aus dem Ofen nehmen und die Kekse auf einem Kuchengitter etwas abkühlen lassen. Die Schoko-lade grob hacken und über einem heißen Wasserbad schmelzen.

5. Die Schokopralinen auf die abgekühlten Kekse setzen und dabei mit etwas flüssiger Schokolade »festkleben«. Die übrige Schokolade in einen Spritzbeutel mit feiner Tülle oder einen Gefrierbeutel mit abgeschnittener Ecke geben und damit »Spinnenbeine« auf die Kekse spritzen.

6. Zum Schluss mit jeweils einem Tropfen flüssiger Schoko-lade die Dekor-Zuckeraugen auf den Schokokugeln anbringen.

7. Die Kekse vor dem Verzehr einige Minuten antrocknen lassen.

Eulenkekse

* * *

Eulenkekse sind aus dem Potter-Versum kaum wegzudenken. Hedwig und Pigwidgeon kommen oft in den Genuss dieser herrlichen Nascherei. Doch was hätten sie wohl zu dieser köstlichen Version mit Honig und Toffee gesagt? Da wird selbst das schwerste Paket schlagartig federleicht!

Ergibt: ca. 20 Stück

Zutaten

Für die Creme
110 g Sahne
75 g Zucker
30 g Honig
60 g Vollmilchkuvertüre, gehackt
10 g Butter
1 Prise Salz
80 g Pekannüsse, gehackt

Für den Keksteig
280 g Zartbitterkuvertüre, grob gehackt
45 g Butter
3 Eier
250 g Rohrzucker
1 Prise Salz
235 g Mehl
1 TL Backpulver

Außerdem
1 Küchenthermometer

1. Die Sahne mit Zucker und Honig unter ständigem Rühren aufkochen. Unter ständigem Weiterrühren bei mittlerer Hitze köcheln lassen, bis das Küchenthermometer 116 °C anzeigt. Dann vom Herd nehmen und 2–3 Minuten abkühlen lassen.

2. Die Zucker-Honig-Mischung mit der gehackten Kuvertüre, der Butter und dem Salz in einer Schüssel vermengen. Die Butter und die Kuvertüre unter Rühren schmelzen lassen und die gehackten Pekannüsse unterrühren.

3. Den Backofen auf 200 °C Ober-/Unterhitze vorheizen. Ein Backblech mit Backpapier auslegen.

4. Für den Teig die Zartbitterkuvertüre mit der Butter in eine Schüssel geben und über einem warmen Wasserbad schmelzen.

5. Die Eier mit Zucker und Salz mit den Schneebesen eines Handrührgeräts schaumig schlagen. Die flüssige Butter-Kuvertüre-Masse unterrühren. Mehl und Backpulver dazusieben und alles kräftig verrühren. Dann die Hälfte der Honig-Sahne-Mischung unterrühren.

6. Mithilfe zweier Esslöffel den Teig auf das vorbereitete Backblech geben. Die Teigkleckse mittig etwas flach drücken und jeweils etwas von der Honig-Sahne-Creme in die Mitte geben.

7. Die Kekse 8–10 Minuten im vorgeheizten Ofen backen. Herausnehmen und komplett auskühlen lassen. Erst danach vom Blech nehmen, da die Kekse andernfalls noch sehr weich sind und leicht zerbröseln.

BROT UND BRÖTCHEN

ZUPFBROT

***

Seien wir ehrlich: Viele Menschen — Muggel und Zauberkundige gleichermaßen — können stinknormalem Brot wenig abgewinnen. Bloß gut, dass dies kein stinknormales Brot *ist!*, sondern eine ideale Ergänzung zum Abendessen, zum Grillen oder für die nächste Zusammenkunft des Slug-Klubs. Professor Horace Slughorn jedenfalls, der gutem Essen und vollmundigen Getränken gegenüber bekanntlich nicht abgeneigt ist, würde zweifellos großen Gefallen hieran finden!

Ergibt: ca. 8 Portionen

ZUTATEN

1 Päckchen Trockenhefe

500 g Weizenmehl (Type 550)

2 TL Salz

1 TL Zucker

50 g Olivenöl, zzgl. etwas mehr
    zum Bestreichen

150 g weiche Butter

1 Schalotte, fein gehackt

1 Bund glatte Petersilie, fein gehackt

2 Knoblauchzehen, durchgepresst

1 Prise Kräutersalz

Pfeffer

Außerdem

1 Kastenform (30 cm)

Knoblauchpresse

1. Hefe und Mehl verrühren. Salz, Zucker und 270 ml lauwarmes Wasser dazugeben. Mit den Knethaken eines Rührgeräts durcharbeiten. Zuletzt das Öl hinzufügen; weiterkneten, bis sich der Teig vom Schüsselrand löst.

2. Den Teig nochmals kräftig mit den Händen durchkneten, zu einer Kugel formen und mit etwas Öl bestreichen. Zugedeckt an einem warmen Ort ca. 1 Stunde gehen lassen

3. Die weiche Butter sehr cremig rühren. Schalotte mit Petersilie und Knoblauch unterrühren.

4. Mit Kräutersalz und Pfeffer abschmecken; beiseitestellen. Eine Kastenform (30 cm) mit Backpapier auslegen.

5. Den Teig kräftig auf einer leicht bemehlten Arbeitsfläche durchkneten und ca. 30 x 50 cm groß ausrollen. Ihn dabei gleichmäßig mit der Kräuterbutter bestreichen.

6. Dann quer in 7 Streifen schneiden (ca. 30 x 7 cm) und mit der Füllung nach oben in zwei »Stapeln« übereinanderlegen. Diese »Stapel« jeweils quer in vier Stücke (7,5 x 7 cm) schneiden. Anschließend alle Teigstücke hochkant in die vorbereitete Backform stellen und abgedeckt 30 Minuten ruhen lassen.

7. Den Backofen auf 200 °C vorheizen. Die Backform hineinstellen, Hitze auf 180 °C reduzieren und 30–35 Minuten backen. Das Brot aus dem Ofen nehmen, 15 Minuten in der Form ruhen lassen und vorsichtig aus der Backform heben. Am besten lauwarm genießen.

Irisches Sodabrot

✳ ✳ ✳

Im Endspiel der Quidditch-Weltmeisterschaft in *Harry Potter und der Feuerkelch* treten die Mannschaften von Irland und Bulgarien in einem packenden Match gegeneinander an, das Irland ungeachtet des Umstands, dass Viktor Krum für Bulgarien den Goldenen Schnatz fangen kann, letzten Endes mit viel Glück für sich entscheidet. Harry und die Weasleys, die diesem sportlichen Großereignis zusammen mit Amos Diggory und seinem Sohn Cedric beiwohnen, sind in den irischen Nationalfarben herausgeputzt und haben nach dem Spiel allen Grund, in ihrem Zelt zu feiern — jedenfalls so lange, bis eine Schar von Voldemorts Anhängern das Festgelände in Schutt und Asche legt. Hätten die Freunde in diesem Moment doch bloß etwas irisches Sodabrot zur Hand gehabt, dann wäre die Sache wahrscheinlich anders ausgegangen! Denn bei diesem Rezept wird selbst der grimmigste Todesser zum friedlichen Brotesser!

Ergibt: ca. 10 Scheiben

Zutaten

225 g Weizenmehl Type 550, zzgl.
  etwas mehr zum Bestreuen
225 g Vollkornweizenmehl
1 TL Salz
1 TL Zucker
2 TL Backpulver
2 TL Natron
30 g kalte Butter
350 ml Buttermilch
1 Ei

1. Den Backofen auf 200 °C Ober-/Unterhitze vorheizen. Ein Backblech mit Backpapier auslegen.

2. Die beiden Mehlsorten in eine Schüssel sieben. Das Salz, den Zucker, das Backpulver und das Natron zugeben. Alles gründlich miteinander vermischen.

3. Die Butter in kleine Würfel schneiden und in die Mehlmischung einarbeiten. Es soll eine pulvrige Mixtur entstehen, die an grobes Paniermehl erinnert.

4. In einer separaten Schüssel die Buttermilch mit dem Ei verquirlen. Zur Mehl-Butter-Mischung geben und alles zu einem weichen, geschmeidigen Teig verkneten.

5. Den Teig zu einem runden Laib formen und auf das vorbereitete Backblech geben. Mit etwas Mehl bestreuen und mit einem Messer ein ca. 1 cm tiefes Kreuz in die Oberfläche des Laibes ritzen. In den Ofen schieben und für ca. 40 Minuten backen. Ein kleiner Tipp: Besonders knusprig wird das Brot, wenn man eine kleine mit Wasser gefüllte feuerfeste Schale mit in den Ofen stellt.

6. Das fertige Brot aus dem Ofen nehmen und am besten backfrisch und warm mit leicht gesalzener Butter sowie evtl. Cheddarkäse genießen.

Magisches Blasenbrot

✦ ✦ ✦

Molly Weasley versteht sich meisterhaft auf die Backkunst — wohl nicht zuletzt dank des Buchs *Magie beim Backen*, das Harry bei seinem ersten Besuch im Fuchsbau auf einem Regal in der Küche entdeckt. Da verwundert es nicht, dass die gute Mrs. Weasley immer etwas Essbares zur Hand hat, selbst als Dumbledore und Harry nach ihrem Besuch bei Professor Slughorn mitten in der Nacht in das Haus der Familie Weasley schneien. Zwar zerschneidet sich dieses Brot nicht von selbst in der Luft, dafür ist die Zubereitung aber sogar für unwissende Muggel so einfach, dass es beinahe auch an Zauberei grenzt.

Ergibt: ca. 12 Scheiben

Zutaten

Für den Teig

75 g weiche Butter zzgl. etwas
    mehr zum Fetten der Form
500 g Mehl
1 Päckchen Trockenhefe
250 ml lauwarme Milch
1 Ei
1 Prise Salz
70 g Zucker

Zum Wälzen

80 g Butter (flüssig)
150 g Rohrzucker
2 TL Zimt

Für den Guss

100 g Frischkäse
    (Doppelrahmstufe)
50 g weiche Butter
100 g Puderzucker
4 Tropfen Vanillearoma

1. Den Backofen auf 175 °C vorheizen. Eine Gugelhupfform gründlich mit Butter einfetten.

2. Das Mehl und die Hefe in einer Schüssel miteinander mischen. Milch, Butter, Ei, Salz und Zucker hinzufügen und alles gut verkneten. An einem warmen Ort ca. 40 Minuten abgedeckt gehen lassen, bis sich der Teig vom Volumen her verdoppelt hat.

3. Rohrzucker und Zimt in einem tiefen Teller mischen und beiseitestellen. Die flüssige Butter bereitstellen.

4. Den Teig nach dem Aufgehen nochmals gründlich durchkneten und walnussgroße Stücke abreißen. Die Teigstücke zu kleinen Kugeln formen, kurz in die flüssige Butter tauchen und dann im Zucker-Zimt-Gemisch wälzen. Die Kugeln in die Backform legen, mit einem Tuch abdecken und nochmals 15 Minuten gehen lassen.

5. Die Form für ca. 35 Minuten in den vorgeheizten Backofen geben. Anschließend aus dem Ofen nehmen und leicht abkühlen lassen. Das Blasenbrot behutsam aus der Form auf ein Kuchengitter stürzen und einige Minuten weiter abkühlen lassen.

6. Inzwischen alle Zutaten für den Guss in eine Schüssel geben, gründlich miteinander vermengen und cremig rühren. Den Guss auf das noch warme Brot geben und gleichmäßig darüber verteilen. Am besten noch lauwarm genießen.

Mrs. Weasleys Walnussbrot

✦ ✦ ✦

Molly Weasley ist eine fürsorgliche, herzensgute Frau, die für Harry zumindest bis zu einem gewissen Grad die Mutter ersetzt, die er selbst nie hatte. Nicht zuletzt deshalb ist der Fuchsbau für Harry nach Hogwarts der schönste Ort überhaupt. Häufig sitzt er hier in der heimeligen Küche mit seinem besten Freund Ron, dessen kleiner Schwester Ginny und seinen Brüdern Fred und George zusammen und genießt die leckeren Speisen von Mrs. Weasley, die er für die beste Köchin der Welt hält. Kein Wunder, schließlich verwendet sie bloß frische Zutaten zur Zubereitung ihrer Gerichte, und ihre Zauberkünste tragen wohl auch ein gewisses Maß dazu bei, dass nicht bloß Harry ihre Kochkünste für unübertroffen hält. Dabei sind die Gerichte, die Mrs. Weasley — im wahrsten Sinne des Wortes — auf den Tisch des Hauses zaubert, eher rustikal als raffiniert. Genauso wie dieses wunderbare Walnussbrot, das frisch aus dem Ofen am besten schmeckt und sowohl süß, als auch deftig belegt werden kann.

Ergibt: ca. 14 Scheiben

Zutaten

200 g Walnusskerne
350 g Weizenvollkornmehl
150 g Weizenmehl (Type 1050)
1 Beutel Trockenhefe
2 TL Salz
1 TL Zucker
50 ml Walnussöl

Außerdem
1 Kastenform (30 cm)

1. Eine Kastenform (ca. 30 cm) mit Backpapier auskleiden.

2. Die Walnusskerne grob hacken und in einer beschichteten Pfanne ohne Öl bei niedriger Hitze leicht anrösten. Vorsicht: Die Kerne brennen sehr schnell an! Auf einen Teller geben und abkühlen lassen.

3. In einer Schüssel beide Mehlsorten, die Trockenhefe, die gerösteten Nüsse, das Salz und den Zucker miteinander vermischen.

4. 450 ml lauwarmes Wasser und das Öl dazugeben und alles mit den Knethaken eines Handrührgerätes oder einer Küchenmaschine zu einem weichen Teig kneten.

5. Den Brotteig mithilfe eines Teigschabers in die Kastenform füllen. Da der Teig sehr klebrig ist, den Schaber vorher am besten mit Wasser benetzen. Die befüllte Form anschließend in den kalten Backofen geben und die Ofentemperatur auf 200 °C Ober-/Unterhitze einstellen. Das Brot ca. 55–60 Minuten backen.

6. Das Brot aus dem Ofen nehmen, leicht abkühlen lassen und dann behutsam aus der Form lösen. Auf einem Kuchengitter vollständig auskühlen lassen.

Quarkbrötchen

* * *

Brötchen, Semmeln, Rundstücke, Schrippen, Weckerl, Weggli ... Wie immer man dieses vielseitige Kleingebäck auch nennen mag, Brötchen sind in der Magischen Welt mindestens ein genauso fester Bestandteil der Mahlzeiten wie in der der Muggel. Nachdem Harry, Ron und Hermine z. B. in *Harry Potter und die Heiligtümer des Todes* hungrig durch den Wald irren, denken sie mit knurrenden Mägen an die hervorragenden Kochkünste von Harrys Hauself Kreacher. Er mag ein reichlich unangenehmer Geselle sein, doch seine warmen Frühstücksbrötchen sind nicht zu verachten — ebenso wenig wie diese Quarkschrippen, die sowohl mit deftigem Wurstbelag als auch mit süßen Aufstrich zauberhaft schmecken!

Ergibt: 12 Stück

Zutaten

100 g Rosinen

40 ml Milch zzgl. 1 EL

125 g Butter

400 g Mehl zzgl. etwas mehr für die Arbeitsfläche

1 Päckchen Trockenhefe

125 g Magerquark

80 g Zucker

1 Ei

1 Prise Salz

1 Eigelb

1. Die Rosinen in eine Schüssel geben, mit Wasser bedecken und ca. 1 Stunde einweichen. Anschließend durch ein Sieb abgießen und gut abtropfen lassen.

2. Bei niedriger Temperatur 40 ml Milch in einem kleinen Topf erwärmen. Die Butter hinzufügen und in der warmen Milch komplett schmelzen lassen.

3. Das Mehl und die Hefe in einer Rührschüssel miteinander vermischen. Quark, Zucker, Ei und das Salz hinzufügen. Mit den Knethaken eines Handrührgeräts zu einem glatten Tag verarbeiten. Zugedeckt an einem warmen Ort ca. 40 Minuten gehen lassen.

4. Ein Backblech mit Backpapier auslegen.

5. Die Arbeitsfläche leicht mit Mehl bestäuben und den Teig darauf mit den Händen nochmals kurz durchkneten. Dann gleichmäßig die Rosinen einkneten.

6. Den Teig zu einer Rolle formen und in 12 gleich große Stücke schneiden. Dies geht am einfachsten, indem man die Rolle zunächst halbiert, dann die Hälften halbiert und diese widerum drittelt. Aus den Teigstücken runde Brötchen formen, aufs Backblech legen und abgedeckt an einem warmen Ort 30 Minuten gehen lassen.

7. Den Backofen auf 160 °C Ober-/Unterhitze vorheizen.

8. Das Eigelb und den übrigen EL Milch verrühren und die Brötchen damit bestreichen. Etwa 20 Minuten im vorgeheizten Ofen backen und lauwarm servieren.

Desserts und Pudding

DOBBYS LEIBSPEISE

✦ ★ ✦

Dobby ist ein freier Elf und sehr stolz darauf! Er arbeitet zwar, nachdem er durch einen Trick aus der Sklaverei bei den Malfoys freikommt, wie viele seiner Gefährten in der Küche von Hogwarts, doch bekommt er als freier Elf ein Gehalt. Weil Dobby ein sehr kampferprobter kleiner Elf ist, würde es ihm sicher besonders gut gefallen, für dieses Dessert mit dem Flambierbrenner zu hantieren und eine schöne Zuckerkruste zu zaubern!

Ergibt: 8 Portionen

Zutaten

125 g Zucker
8 Eigelbe
1 Bio-Limette
1 Vanilleschote
250 g Sahne
250 ml Milch
300 g Vollmilchjoghurt
4–6 EL Rohrzucker

Außerdem
8 hitzebeständige Schälchen
Butterbrotpapier
Flambierbrenner

1. Den Backofen auf 90 °C Umluft vorheizen. Wichtig bei diesem Rezept ist, dass die Ofentemperatur exakt stimmt, denn wenn der Ofen zu kalt ist, wird die Creme nicht fest; ist er hingegen zu heiß, gibt´s am Ende Rührei.

2. Den Zucker und die Eigelbe in einer Schüssel verrühren. Die Limette waschen, abtrocknen und die Schale abreiben. Limette halbieren und auspressen.

3. Die Vanillestange längs halbieren, das Mark mit einem Messerrücken herauskratzen und zusammen mit der Sahne und der Milch bei niedriger Hitze unter ständigem Rühren aufkochen. Kurz abkühlen lassen und die heiße Sahne-Milch-Mischung unter ständigem Rühren zur Eier-Zucker-Mischung geben. Vollständig abkühlen lassen.

4. Den Limettensaft und den Joghurt unter die ausgekühlte Creme rühren. Die Creme anschließend durch ein feines Sieb in eine saubere Schale gießen und den Limettenabrieb unterrühren.

5. Die Creme auf hitzebeständige Schälchen verteilen (zu ca. ¾ füllen) und 60 Minuten auf mittlerer Schiene im vorgeheizten Ofen garen. Die Schälchen dann aus dem Ofen nehmen, mit Butterbrotpapier abdecken und für mindestens 2 Stunden in den Kühlschrank stellen.

6. Über die Cremes jeweils etwas Rohrzucker streuen und mit dem Flambierbrenner oder unter dem Backofengrill goldbraun karamellisieren. Sofort servieren.

Karamellpudding

✦ ✦ ✦

Als Hermine in *Harry Potter und der Feuerkelch* mehr oder minder zufällig erfährt, dass all die wunderbaren Festessen von »versklavten« Hauselfen zubereitet werden, vergeht ihr der Appetit. Ron versucht, Hermine mit leckerem Pudding wieder gütlich zu stimmen — keine schlechte Idee, schließlich ist dieses traditionelle britische Karamelldessert bestens dazu geeignet, jedermanns Stimmung zu heben, und das umso mehr, wenn es von freien Muggeln kredenzt wird!

Ergibt: 8 Portionen

Zutaten

Für die Karamellsauce
175 g Zucker
60 g Butter
200 g Sahne
1 EL dunkler Rübensirup

Für den Pudding
200 g getrocknete Datteln, fein gehackt
55 g weiche Butter, zzgl. etwas mehr zum Fetten der Förmchen
175 g Mehl, zzgl. etwas mehr zum Bestäuben der Förmchen
1 TL Backpulver
1 TL Backnatron
½ TL Salz
150 g Zucker
2 Eier
1 TL Vanilleextrakt

Außerdem
8 kleine Soufflé-Förmchen

1. Den Zucker, die Butter und die Hälfte der Sahne in einen Topf geben. Bei mittlerer Hitze unter ständigem Rühren erwärmen, bis die Butter geschmolzen ist und sich der Zucker aufgelöst hat. Dann den Rübensirup einrühren und alles unter gelegentlichem Rühren ein paar Minuten köcheln lassen. Vom Herd nehmen, restliche Sahne unterrühren und beiseitestellen.

2. Die Datteln in einem Topf mit 200 ml heißem Wasser bedecken, ca. 30 Minuten einweichen und anschließend abgießen. Den Backofen auf 180 °C vorheizen. 8 kleine Soufflé-Förmchen mit Butter einfetten und leicht mit Mehl bestäuben.

3. Das Mehl, das Backpulver, das Natron und das Salz in eine Schüssel geben. In einer separaten Schüssel 55 g Butter und den Zucker cremig rühren. Nacheinander die Eier, den Vanilleextrakt, die Mehl-Mischung und die eingeweichten Datteln dazugeben.

4. Alles gut verrühren und gleichmäßig auf die vorbereiteten Soufflé-Förmchen verteilen. Darauf achten, dass die Förmchen maximal zu zwei Drittel gefüllt sind, da der Teig noch aufgeht. Im vorgeheizten Ofen 25–30 Minuten backen. Anschließend etwas abkühlen lassen.

5. In der Zwischenzeit die Karamellsauce mit kurzen Schüben in der Mikrowelle erwärmen. Die Puddings aus den Formen auf Servierteller stürzen; die Masse ist so klebrig, dass sie ihre Form behalten sollten. Mit der warmen Karamellsauce übergießen und sofort servieren. Wer mag, kann dazu außerdem noch Vanilleeis reichen.

Tante Petunias Trifle

✦ ★ ★ ★ ✦

Von allen Gerichten, die in den Harry-Potter-Büchern Erwähnung finden, kommt Trifle mit Abstand am häufigsten vor. Als unser liebster Zauberschüler in *Harry Potter und die Kammer des Schreckens* beispielsweise nach der Erledigung seiner Hausarbeiten die Küche betritt, sieht er auf dem Kühlschrank das Dessert stehen, das Tante Petunia für das Abendessen mit den Masons vorbereitet hat: einen gewaltigen »Berg Schlagsahne mit kandierten Veilchenblättern«. Sowohl die Zutaten als auch die Tatsache, dass Tante Petunia stets darauf bedacht ist, bei anderen Eindruck zu schinden, legen nahe, dass es sich hierbei um einen klassischen britischen Trifle handelt, ein süßes Dessert, das ungeachtet seiner bemerkenswerten Optik mühelos zuzubereiten ist. Tatsächlich war Trifle ursprünglich nichts weiter als eine aus Sahne und Eigelb zubereitete Creme, die mit Ingwer oder Rosenwasser verfeinert wurde. Erst im 19. Jahrhundert entstand die »elegantere« Version mit mehreren Schichten aus Obst, Pudding und Schlagsahne, die auch als Grundlage dieses ebenso schlichten wie köstlichen Desserts dient.

Zutaten

Für das Kompott
400 g reife frische Aprikosen oder
    ungezuckerte Aprikosenhälften
    (aus Glas oder Dose)
80 g Zucker
1 Päckchen Vanillezucker
40 ml Orangensaft

Für die Creme
1 Bio-Zitrone
10 Blättchen Zitronenmelisse
60 g flüssiger Honig
500 g griechischer Sahnejoghurt
100 g Amarettini

Für die Dekoration
frische Beeren nach Belieben
Pistazien nach Belieben
Krokant nach Belieben

Ergibt: 4 Portionen

1. Die Aprikosen waschen, entsteinen und achteln. Eingemachte Aprikosenhälften aus der Konserve abtropfen lassen und halbieren oder dritteln.

2. Den Zucker und den Vanillezucker vorsichtig bei niedriger Temperatur in einer Pfanne erhitzen und unter ständigem Rühren leicht karamellisieren.

3. Dann frische Aprikosen dazugeben und im Karamell schwenken. Mit dem Orangensaft ablöschen, kurz köcheln lassen und vom Herd nehmen. Etwas abkühlen lassen. (Dosen-Aprikosen erst ganz zum Schluss zufügen.)

4. Inzwischen die Zitrone heiß abwaschen, abtrocknen und die Schale fein abreiben. Zitrone halbieren, aus einer Hälfte den Saft auspressen und beiseitestellen.

5. Die Zitronenmelisse waschen, trocken schütteln und fein hacken. Mit dem Zitronenabrieb, dem Zitronensaft und dem Honig unter den Joghurt rühren, bis alles gut miteinander vermischt und cremig ist.

6. Die Amarettini grob zerkleinern und zusammen mit den Aprikosen und der Joghurtcreme in große Dessertgläser schichten. Nach Belieben mit frischen Beeren, Pistazien und Krokant dekorieren.

(Zauber)Tränke

Felix Felixis

✶✶✶

Zu Beginn ihres 6. Schuljahres in Hogwarts macht Professor Slughorn Harry und seine Mitschüler in der Zaubertränkestunde mit »Felix Felicis« vertraut, einem recht aufwendig herzustellenden Trank, der nicht grundlos auch »Glück in flüssiger Form« genannt wird: Dieses wundersame Gebräu sorgt dafür, dass jedem, der es trinkt, für eine gewisse Zeit alles gelingt, was er nur möchte (weshalb die Einnahme zu Prüfungen, Sportwettkämpfen und dergleichen ausdrücklich untersagt ist). Zu den Zutaten dieses außergewöhnlichen Tranks gehören im Original u. a. Minzzweige, Stachelschwein-Pastillen und Wermut. Die folgende Mischung ist zwar um einiges weniger exotisch, taugt aber dennoch dazu, den, der sie genießt, vom ersten Schluck an glücklich zu machen!

Ergibt: 2 Portionen

Zutaten

200 g Sahne
250 ml Milch
75 g Zartbitterschokolade,
   grob gehackt
1 Vanilleschote, aufgeschlitzt
2 TL Zucker
35 g Puderzucker
nach Belieben: Schokoladenraspeln
   oder Backkakao zum Bestreuen

1. Die Sahne, eine Rührschüssel sowie die Schneebesen des Handrührgeräts mindestens 1 Stunde vor der Zubereitung in den Kühlschrank geben.

2. Die Milch, 150 g von der gekühlten Sahne, die grob gehackte Zartbitterschokolade, die Vanilleschote und den Zucker in einen Topf geben.

3. Alles bei mittlerer Hitze langsam und unter ständigem Rühren erwärmen. So lange umrühren, bis die Schokolade komplett geschmolzen ist und sich der Zucker völlig aufgelöst hat. Das Ganze sollte eine cremige Konsistenz haben.

4. Die übrige gekühlte Sahne und den Puderzucker in der gekühlten Rührschüssel mit den ebenfalls vorgekühlten Schneebesen des Handrührgeräts aufschlagen. Dabei die Geschwindigkeit nach und nach steigern, bis die Schlagsahne die gewünschte Konsistenz besitzt.

5. Die Vanilleschote aus der Schoko-Sahne-Milch entfernen. Die Schokomilch in hitzebeständige Tassen oder Becher füllen, mit der Schlagsahne krönen und nach Belieben Schokoraspeln oder Backkakao darüberstreuen.

Tipp: Im Sommer kann man diesen Glücklichmacher auch vorbereiten und über Nacht kalt stellen. Die Schlagsahne dann einfach direkt kurz vor dem Servieren zubereiten wie beschrieben.

Dumbledores Lieblingstee

✦ ✦ ✦

Zaubertränke gibt es viele, doch fragt man einen Briten, was für ihn das magischste Gebräu auf Erden ist, wird seine Antwort nicht »Felix Felixis«, »Murtlap-Essenz« oder »Veritaserum« lauten, sondern schlicht und einfach: Tee. Da verwundert es nicht, dass Tee im Potter-Versum so häufig vorkommt. Auch während und nach besonders wichtigen Ereignissen wird Tee getrunken. Beispielsweise sitzen Harry und Hagrid in *Harry Potter und der Stein der Weisen* gemütlich bei einer Tasse Tee zusammen, nachdem der Wildhüter Harry aus dem Haus der Dursleys »befreit« hat — der Beginn einer wunderbaren Freundschaft. Vielleicht ist Teetrinken unter Zauberkundigen aber auch deshalb so beliebt, weil sie wie Professor Trelawney die magische Kunst der Tassiomantie beherrschen, also die Fähigkeit, aus Teeblättern die Zukunft zu lesen. Hauptsache, es kommt nicht der Grimm dabei heraus ...

Ergibt: mehrere Kannen Tee

Zutaten

2 unbehandelte Bio-Clementinen
1 Vanilleschote
1 Zimtstange
5 Sternanis
10 Nelken
1 EL geraspeltes Süßholz
100 g schwarzer Tee
2 EL Himbeersirup

1. Für diese spezielle Teemischung benötigt man die getrocknete Schale von Clementinen, die es leider nicht fertig zu kaufen gibt. Man muss sie also selber machen, und zwar so: Die Clementinen heiß abwaschen und abtrocknen. Die Schale abpellen, in kleine Würfel schneiden und auf ein Bachblech legen. Nun entweder mehrere Tage an einem warmen, trockenen Ort oder bei 70 °C etwa 1 Stunde lang im Backofen trocknen lassen.

2. Die Vanilleschote in kleine Stücke schneiden. Die Zimtstange, den Sternanis und die Nelken grob hacken. Alles in einer kleinen Schüssel mit dem geraspelten Süßholz, den getrockneten Clementinenschalen und dem schwarzen Tee mischen.

3. Zur Zubereitung des Tees 4–5 TL von der Mischung in ein Tee-Ei geben und in eine Kanne hängen. Mit kochendem Wasser aufgießen und maximal 5 Minuten ziehen lassen. Das Tee-Ei dann herausnehmen, den Himbeersirup einrühren und sofort servieren.

4. Die restliche Teemischung in eine kleine Teedose geben. Die Gewürzteemischung ist mehrere Monate lang haltbar.

Tipp: Das aromatische Gebräu schmeckt auch mit Roiboostee statt schwarzem Tee hervorragend!

BUTTERBIER

✦ ✦ ✦

Butterbier zählt zu den beliebtesten Getränken im Potter-Versum. Harry probiert es zum ersten Mal im Eberkopf, während seines heimlichen Ausflugs nach Hogsmeade in *Harry Potter und der Gefangene von Askaban*, und hält es für das Leckerste, das er je getrunken hat. Was selbst für einen Zauberkundigen sonderbar anmutet, da man sich eine Mischung aus Butter und Bier doch eher widerlich vorstellt. Dabei ist Harry bei Weitem nicht der Einzige, der großen Gefallen an Butterbier findet: Luna Lovegood z. B. ist so in dieses Getränk vernarrt, dass sie sogar eine Kette mit Butterbierkronkorken um den Hals trägt. Allerdings ist jemand wie Luna, die an die Existenz Schrumpfhorniger Schnarchkackler glaubt, die selbst in der magischen Welt als Mythen gelten, vielleicht nicht unbedingt der allerbeste Maßstab ... Wie dem auch sei: Diese blutfreie Version schmeckt jedenfalls köstlich!

Ergibt: 4 Portionen

Zutaten

1 TL Butter
2 EL Rohrzucker
1 Vanilleschote
500 ml Milch
100 ml Sahne
1 EL Zimt
½ EL Kakaopulver
½ Päckchen Vanillezucker
250 ml Malzbier

1. In einem Topf bei niedriger Hitze die Butter schmelzen. Den Rohrzucker hinzufügen und unter ständigem Rühren leicht karamellisieren lassen.

2. Die Vanilleschote mit einem spitzen Messer der Länge nach aufschlitzen und das Mark herauskratzen.

3. Die ausgekratzte Schote und das Vanillemark mit der Milch, der Hälfte der Sahne, dem Zimt, dem Kakaopulver und dem Vanillezucker in den Topf geben.

4. Alles gründlich miteinander vermengen und kurz köcheln lassen. Dann den Topf vom Herd nehmen und das Malzbier einrühren.

5. Das Butterbier noch einmal kurz erwärmen, aber keinesfalls kochen, da sich sonst unschöne Flöckchen bilden! Wiederum vom Herd nehmen und etwas abkühlen lassen.

6. Die restliche Sahne steif schlagen. Das warme Butterbier in hitzebeständige Gläser füllen und mit einem Löffel die geschlagene Sahne daraufgeben. Sofort servieren.

Amortentia

✦ ✦ ✦

Amortentia ist der mächtigste Liebestrank der Magischen Welt. Schon allein seinen verführerischen Duft einzuatmen genügt, damit der Trank seine volle Wirkung entfaltet, da Amortentia für jeden Menschen nach dem riecht, was einen am meisten anzieht. In Hermines Fall sind das z. B. frisch gemähtes Gras, neues Pergament und Pfefferminz-Zahnpasta. Zwar bringt Amortentia keine echte Liebe hervor — das lässt sich selbst mit noch so mächtiger Zauberei nicht bewerkstelligen,. Doch nach der Einnahme entwickelt man eine solch starke Verliebtheit oder Besessenheit bei einer bestimmten Person, dass alle anderen Absichten und Interessen, ja sogar jeglicher klare Gedanke in den Hintergrund treten. Diese Sinnesverwirrung kann gefährliche Folgen haben, da selbst lebensnotwendige Dinge wie z. B. Essen vernachlässigt werden — was speziell an jemandem wie Ron Weasley, der bekanntermaßen ständig und immer mit Begeisterung isst, nicht folgenlos vorbeigeht. Angesichts dessen verwundert es nicht, dass das Brauen und Verwenden von Liebestränken aller Art in Hogwarts verboten ist. Wir hingegen legen dem geneigten Leser diesen Trank wärmstens an Herz, denn was dieser köstliche, liebreizende, vielfach einsetzbare Lavendelsirup als Zutat zu anderen Speisen und Getränken tief im Innern heraufbeschwört, ist Liebe — schlicht und einfach.

Ergibt: ca. 250 ml

Zutaten

200 g Zucker
3 EL Zitronensaft
2 EL getrockneter Lavendel
einige Tropfen violette
    Lebensmittelfarbe

1. Den Zucker mit 200 ml Wasser und dem Zitronensaft bei mittlerer Hitze in einem kleinen Kochtopf vermischen. Zum Kochen bringen, dann die Hitze herunterschalten und alles etwa 5 Minuten köcheln lassen.

2. Nun den Lavendel dazugeben und umrühren, bis sich der Zucker vollständig aufgelöst hat.

3. Vom Herd nehmen, einen Deckel auflegen und das Ganze etwa 20 Minuten ziehen lassen.

4. Den Sirup durch ein feinmaschiges Sieb in ein sauberes Gefäß seihen.

5. Einige Tropfen violette Lebensmittelfarbe dazugeben, damit das Ganze nicht bloß nach Lavendel schmeckt, sondern auch danach aussieht. Vor dem Gebrauch mindestens einen Tag durchziehen lassen.

6. Von diesem zauberhaften Sirup genügen schon ein paar Tropfen, um z. B. Tortenfüllungen, aber auch Desserts oder Tee sowie kühlen Drinks und Sekt oder Champagner eine besondere Note zu geben.

Bildnachweis

Hintergrund: asirf444/stock.adobe.com, eleonora77/stock.adobe.com; S. 12: Brent Hofacker/Shutterstock.com; S. 18: Irina Melnyk/Shutterstock.com; S. 46: vm2002/Shutterstock.com; S. 72: Andrey Cherkasov/stock.adobe.com; S. 76: lilechka75/atock.adobe.com; S. 84: Kanea/stock.adobe.com; S. 86: Olivier Le Moal/istockphoto.com; S. 92: ltummy/Shutterstock.com; S. 106: Jenifoto/stock.adobe.com; S. 114: Patrick Daxenbichler/stock.adobe.com; S. 124: CandyBox Images/stock.adobe.com; S. 126: zoryanchik/stock.adobe.com; S. 132: Petra Fischer/stock.adobe.com; S. 134: Dina/ stock.adobe.com; © 2018 Katja Böhm/Tom Grimm: S. 11, 14, 20, 22, 24, 26, 28, 30, 32, 34, 40, 44, 50, 52, 54, 56, 60, 62, 64, 66, 68, 70, 74, 80, 82, 86, 96, 98, 102, 104, 108, 112, 116, 118, 120, 128, 136, 138.

Auch als E-Book erhältlich

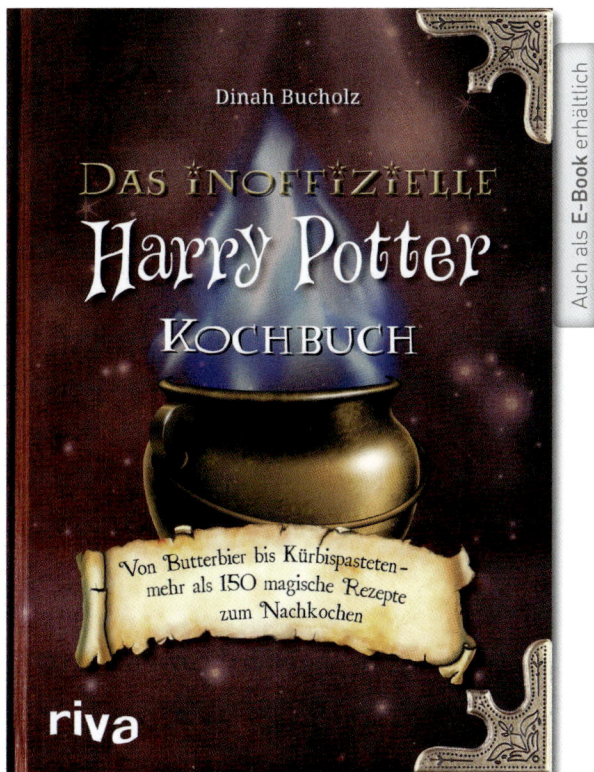

256 Seiten
19,99 € (D) | 20,60 € (A)
ISBN 978-3-7423-0029-4

Dinah Bucholz

Das inoffizielle Harry-Potter-Kochbuch

Von Butterbier bis Kürbispasteten – mehr als 150 magische Rezepte zum Nachkochen

Hört man Kürbissaft und Kesselkuchen, fühlt man sich sogleich in die Große Halle der Hogwarts Schule für Hexerei und Zauberei versetzt. Dabei hat die kulinarische Welt der Zauberer und Hexen noch viel mehr zu bieten: Von Felsenkeksen über Butterbier bis hin zu Siruptorte und deftigem Braten enthält jeder der 7 Bände eine Vielzahl an Rezepten für jede Tageszeit und jede Lebenslage.

Das inoffizielle Harry-Potter-Kochbuch versammelt über 150 magische Rezepte, leicht umsetzbar und Schritt für Schritt erklärt. Mit diesem Buch braucht man keine Hauselfen, um ein leckeres Gericht zuzubereiten, das sogar einen finsteren Kobold zum Lächeln bringen kann. Das unverzichtbare Geschenk für jeden Fan!

riva

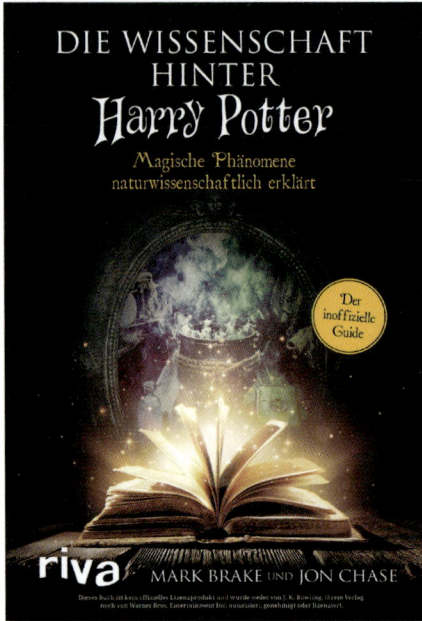

Auch als **E-Book** erhältlich

Die Wissenschaft hinter Harry Potter

Marke Brake, Jon Chase

Die Wissenschaft hinter Harry Potter

Magische Phänomene
naturwissenschaftlich erklärt

Fliegende Besen, magische Wesen und Zaubersprüche machen die Welt von Harry Potter so außergewöhnlich. Natürlich gibt es diese Dinge in Wirklichkeit nicht – oder etwa doch? Ist es durch einen biologischen Zufall möglich, dass ein dreiköpfiger Wachhund wie Fluffy existiert? Können auch Wissenschaftler Wingardium Leviosa zaubern und somit Dinge zum Schweben bringen? Und ist ein Greif nichts anderes als der inzwischen ausgestorbene Dinosaurier Protoceratops?

Die Wissenschaft hinter Harry Potter betracht die mysteriösen Phänomene rund um Hogwarts und erklärt, ob und wie diese auch in unserer Muggelwelt vorkommen könnten. Ein lehrreiches und unterhaltsames Buch voller Überraschungen.

256 Seiten | 19,99 € (D) | 20,60 € (A)
ISBN 978-3-7423-0801-6

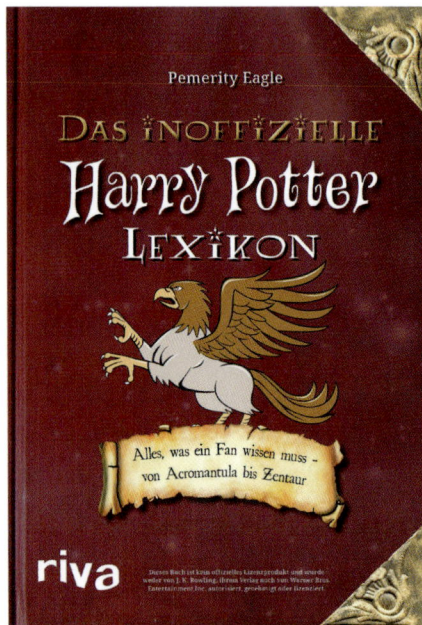

Auch als **E-Book** erhältlich

Pemerity Eagle

Das inoffizielle Harry-Potter-Lexikon

Alles, was ein Fan wissen muss -
von Acromantula bis Zentaur

Alohomora! Dieses Buch öffnet dir die Tore zu magischem Wissen. Es enthüllt verborgene Geheimnisse der Welt von Hogwarts und bietet ganz neue Perspektiven auf die Harry-Potter-Saga. Welches magische Tierwesen ist das bedeutendste? Welche spannenden Duelle wurden ausgefochten und wer ging als Sieger hervor? Und was ist uns bisher über die hinterlistigsten Charaktere der Zauberwelt entgangen? In Form von Hitlisten lädt *Das inoffizielle Harry-Potter-Lexikon* nicht nur zum Erinnern und Schwelgen ein, sondern hält auch jede Menge neue, spannende Hintergrundinformationen für dich bereit. Komm mit auf eine fantastische Reise, teste dein Wissen im ultimativen Potterheads-Quiz und werde zum Harry-Potter-Experten!

208 Seiten | 16,99 € (D) | 17,50 € (A)
ISBN 978-3-7423-0643-2

riva

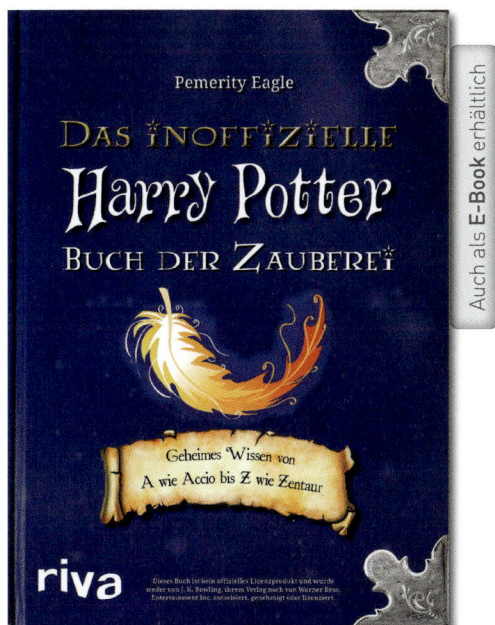

224 Seiten | 16,99 € (D) | 17,50 € (A)
ISBN 978-3-7423-0190-1

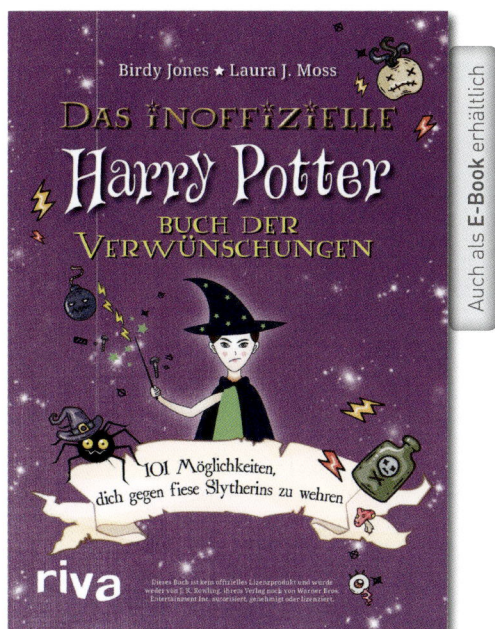

96 Seiten |8,99 € (D) | 9,30 € (A)
ISBN 978-3-7423-0232-8

Auch als E-Book erhältlich

Pemerity Eagle
Das inoffizielle Harry-Potter-Buch der Zauberei
Geheimes Wissen von A wie Accio bis Z wie Zentaur

Vorsicht, dieses Buch enthält geheimes Zauberwissen! Wer es besitzt, dem öffnen sich die geheimen Tore der Hogwarts-Schule für Hexerei und Zauberei. Willst du wissen, welches der mächtigste aller Liebestränke ist, welche Zutaten du brauchst, um ein Gegengift zu mixen, oder mit welchem Zauberspruch du verschlossene Türen und Fenster öffnen kannst, dann brauchst du diesen reich illustrierten Wissensschatz. *Das inoffizielle Harry-Potter-Buch der Zauberei* versammelt nicht nur die bekanntesten Zaubersprüche und Zaubertränke aus den sieben Harry-Potter-Bänden, es besticht auch durch spannende Hintergrundinformationen, eine Vielzahl an praktischen Anleitungen und jede Menge Wissenswertes über die von J. K. Rowling beschriebenen magischen Orte, Zauberer und Hexen. Alles, was du als Zauberlehrling wissen musst, erfährst du in diesem Buch. Das inoffizielle Harry-Potter-Buch der Zauberei ist das perfekte Geschenk für alle, die Harry Potters Zauberkunst erlernen wollen. Aparecium – das Verborgene werde sichtbar!

Birdy Jones, Laura J. Moss
Das inoffizielle Harry-Potter-Buch der Verwünschungen
101 Möglichkeiten, dich gegen fiese Slytherins zu wehren

Nicht nur an Muggel-Schulen, sondern auch in Hogwarts treiben Fieslinge ihr Unwesen. Slytherin bringt die Übelsten dieser Sorte hervor – vor allem den schrecklichen Du-weißt-schon-wen –, doch auch in den anderen Häusern sind sie zu finden. In Ravenclaw stößt man immer wieder auf den feindseligen Typus des Klugscheißers, und auch ein paar Gryffindors nutzen ihren Mumm für gemeine Zwecke. Selbst Hufflepuff bringt gelegentlich eine nicht ganz so gut gesinnte Hexe hervor, gegen die man sich verteidigen muss.

In diesem Buch findest du die 101 schlagfertigsten Verwünschungen aus der magischen Harry-Potter-Welt, die sich kinderleicht in der Muggel-Welt anwenden lassen. Wenn dich das nächste Mal ein brutaler Typ wie Malfoy nicht in Frieden lässt, setz dich mit einem »Du bist schlimmer als alle sieben Horkruxe zusammen« zur Wehr. Oder wappne dich mit einem »Du bist ungefähr so schlau, wie Dudley schlank ist«, wenn dir ein Besserwisser das Leben schwer macht. Jetzt bist du an der Reihe, deine Widersacher sprachlos zurückzulassen.

riva

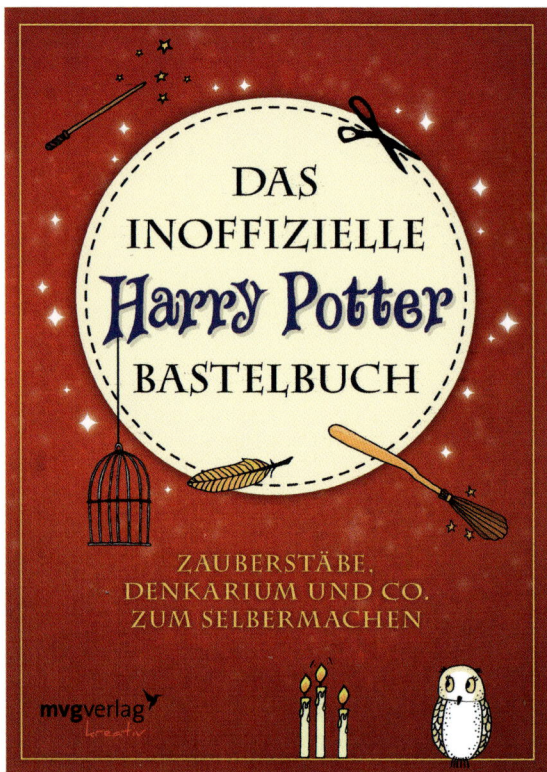

DAS
INOFFIZIELLE
Harry Potter
BASTELBUCH

ZAUBERSTÄBE,
DENKARIUM UND CO.
ZUM SELBERMACHEN

mvgverlag
kreativ

Auch als E-Book erhältlich

160 Seiten
19,99 € (D) | 20,60 € (A)
ISBN 978-3-86882-968-6

Christine Rechl

**Das inoffizielle
Harry-Potter-
Bastelbuch**

Zauberstäbe, Denkarium
und Co. zum Selbermachen

Verzaubere dein Zuhause! Hol dir Magie nach Hause – von einem selbst leuchtenden Zauberstab über Schokofroschkarten bis hin zu einem eigenen Denkarium ist alles dabei, was das Zaubererherz glücklich macht. Die magischen DIY-Projekte werden durch einfache und praktische Schritt-für Schritt-Anleitungen und anschauliche Fotos erklärt und verwandeln auch dein Zuhause in ein eigenes kleines Hogwarts.

mvgverlag